SPORTS
PERSPECTIVE
SERIES
1

スポーツ
マーケティング論

相原正道／林　恒宏
半田　裕／祐末ひとみ　[著]

晃洋書房

はじめに

読み進めればわかるシリーズの発行理由

　高等教育機関における研究教育開発を促進させるため，スポーツ科学における知の創造および学生の理解度を向上させるため，「読みスゝメればわかる教科書～SPORTS PERSPECTIVE SERIES～」を創刊した．

　ある経済学者とAO入試の面接官をしていた時に「数学の教科書ってすごいんやでぇ．読み進めればわかるねん」と言われ，なるほどと感嘆したことに端を発している．

　なるほど，数学の数式のように整理され，理論的に順序だてて文章が構成されていれば非常に効率的だ．読み進めればわかる教科書をいうことで，SPORTS PERSPECTIVE SERIESの編集方針を「読みスゝメればわかる教科書」とした．読み進めれば理解できるようになる文章は大切だ．そのような文章を書ける人はごく一部に限られると考えている．頭が整理されていて，なおかつ現代語に精通している人である．

　本書の構成において，第1章では私（大阪経済大学 相原正道）がドイツ・ブンデスリーガのビッククラブであるバイエルンミュンヘンについて記載した．ブンデスリーガなどのリーグについての論文は多数見受けられるがチームに関する分析は少ない．特に，ウリ・ヘーネスがバイエルンミュンヘンの社長に就任してからの経営再建を主軸に現代におけるサッカーマーケティングの好例を詳細に分析している．

　第2章では，大阪成蹊大学の林恒宏先生がスポーツツーリズムについて，政府の政策におけるスポーツツーリズムの位置づけから，スポーツツーリズム推進基本方針，および観光立国推進基本計画などについて記述している．また，

スポーツツーリズムを3つのタイプと3つの市場に分類するなどわかりやすく整理された内容となっている．「する」スポーツツーリズム事例や，「みる」スポーツツーリズムの事例として，Jリーグのアジア戦略を取り上げており大変興味深い内容となっている．

　第3章では，大阪経済大学の半田裕先生が，NIKE, adidas, IMG, ジャパンスポーツマーケティングなどで30年以上培ったスポーツのビジネスの現場で実践してこられた内容を包括的にまとめている．ブランドサイドの仕事とエージェントサイドの仕事に大別し，1つはブランドが掲げる製品を販売促進するビジネス，もう1つはそういう企業のマーケティングに活用するあらゆるスポーツコンテンツ（既存，新規創造）を提供販売する仕事に分類している．スポーツビジネスにおけるダイナミズムとスポーツビジネスの醍醐味をしっかり感じてもらえるように表現しており，スポーツマーケティングの進化についてもグローバルな観点から述べている．

　第4章では，追手門学院大学の祐末ひとみ先生に，地域スポーツクラブのマーケティングについて，記述していただいた．地域スポーツクラブにおける歴史的経緯から行政政策について詳細に説明している．地域スポーツクラブにおけるマーケティングを実践していく上で理解しておかなければならない内容を網羅していただいた．

　国内および国外のスポーツマーケティングを理解する上で，この上ない入門書となっている．

　私は，外国へ研究調査視察で出向く．本書でも，欧州サッカーのビッククラブであるバイエルン・ミュンヘンへの研究調査に行った時の結果を寄稿している．私は研究室へ閉じこもっているだけでは決して見られない世界を見に行っているだけである．旅に出ている感覚だ．海外へ留学する学生が減少しているというがもったいない話だ．

　なぜ旅に出るのかといえば，経営学的にいうと，イノベーションを創出する

ためだ．

　イノベーションにつながるアイデアは「既存の知と別の既存知との新しい組み合わせ」によって生まれる．これはイノベーションの父であるジョセフ・シュンペーター以来，経営学における基本原理の1つである．人はゼロから何も生み出せないので，常に「まだつながっていない何かと何か」を組み合わせる必要がある．ただ，人の認知には限界がある．やがて「目の前の知と知の組み合わせ」は尽きる．したがって，それを克服するには「自分から離れた遠くの知を幅広く探し，自分の知と新しく組み合わせる」ことが何より重要となる．これを専門用語で「知の探索（Exploration）」と呼ぶ．この知の探索を起こすために，私は旅に出ているのだ．

　知は人が持つものである．かつての会社員時代から思っていることだが，新卒一括採用で，同じような人材が終身雇用で会社に居続ける従来の日本企業では，発想が似通った人材が集まりやすく，異なる知と知の組み合わせが起こりにくい．社内で精鋭を集めてイノベーション推進室などを作ってみても思うような成果が果たせないのは，このためだ．これまでの日本企業の仕組みは欧米へのキャッチアップを目指した20世紀には通用したが，イノベーションが求められる現代では最も不向きな仕組みとなっている．日本がイノベーションを起こす知の探索を進めるには従来と正反対のことをしなければならない．

　スポーツビジネス領域を専門とする私は，決して研究室に閉じこもるべきではない．知の探索を行ってこそ研究成果が出せるのである．見るべきものを見るためならば，どこへでも行く．這ってでも行くと心に決めている．

　昨今の日本の若手研究者でバイエルン・ミュンヘンのCRM統括責任者へインタビュー形式の定性調査を実施した人はいるのだろうか．そういう挑戦（イノベーション）が日本のスポーツビジネス領域を引き上げるものだと信じている．かつてインタビュー嫌いで有名なマンチェスターユナイテッドのジョゼ・モウリーニョ監督がインテル・ミラノの監督時代に，無名の駆け出しの日本女性ジャーナリストのインタビューに答えたと聞いたことがある．なぜ無名の

ジャーナリストの取材を受けてくれたのかを彼女が聞くと，モウリーニョ自身も通訳から挑戦者としてサッカークラブの監督になったこと，日本からはるばる取材に来る気概と挑戦へのリスペクトだと答えてくれたという．私も世界中に存在するこのような人物たちと仕事がしたいので，今日も研究室を飛び出し旅に出る．旅の成果は，論文はもちろん，いつも学生に講義などで報告している．

　翻って，学生諸君．椅子に座って教員が一方的に話す内容をひたすらノートに取ることは楽だが，それでよいのだろうか．自発的に学ぶ学力をつけていなければ社会に出てから自分の力で何かに取り組むことには決してつながらない．極端に言えば，学生が教員の知識や考え方を吸収したいと思って臨んでいれば，一方的な講義でもアクティブラーニングになり得る．
　アクティブラーニングは，学生の能動的学習として大学において組織的に求められるようになってきている．他大学の講義を履修できる大学コンソーシアムの取り組みなどはかなり進展しているが，学生はあまり利用していない．学部，学科ごとに入試を行っている影響もあると思うが，学生は自分が所属する大学や学部からあまり出ようとしない．いつもの同じ顔ぶれの学生とつるんでいるだけだ．これでは，既存知のみで外部の知が吸収できない．したがって，イノベーションは起きにくい．
　目標を持ち講義や生活を組み立てるマインドを持つことで，起業などにも挑戦していけるはずだが，決められた枠組みの中で動いている．枠内で移動した方が楽だからだろう．
　学生は，今までの人たちとは違う世界を生き抜いていかなければならないという気持ちを持つことだ．これから20～30年といった期間で第4次産業という革命が起こる．その真っただ中を学生は生き抜くんだという覚悟を持った方がいい．ある会社に就職するというよりも，第4次産業革命に就職すると思っておいた方がいいのかもしれない．
　企業に偏差値はないし，終身雇用の時代でもない．自分で意思決定をし，自

分で成長できる職業に挑戦する時代である．学生は（自由に過ごせる）可処分時間があるうちに視野を広くして社会を見た方が良い．

　大学コンソーシアムの制度を活用すれば，多様な大学の先生の講義を履修し単位を取得することが可能である．井の中の蛙，大海を知らずという諺があるではないか．先ずは自分の社会を広げてみることから始めてみてはいかがだろうか？

2018年3月10日
PSGの試合観戦後，パリに聳えるエッフェル塔の下で

相 原 正 道

◉ スポーツマーケティング論――目次

はじめに

1 バイエルン・ミュンヘンの経営戦略に関する一考察 ……1
――ウリ・ヘーネスマネージャー就任時（1979年）以降の時系列分析――

▶ はじめに　　(1)

1. 研究目的と方法　　(2)

2. 先行研究のレビュー　　(3)

ブンデスリーガ発展における社会的背景／ブンデスリーガのテレビ放映権とDFLの誕生／ブンデスリーガの経営状況

3. バイエルン・ミュンヘンの経営発展史　　(7)

バイエルン・ミュンヘンの概要／1979年　意思決定機能を強化しガバナンスのある経営組織化／1984年　ルンメニゲのインテル移籍／1996年　有限会社化／2002年　株式会社化とスタジアム建設／2007年　選手補強による戦略転換／2010年　グローバル戦略

ま　と　め　　(19)

2 スポーツマーケティング論 ... 27

1. スポーツツーリズム （27）

なぜ，スポーツツーリズムなのか？／スポーツツーリズムとは／国の政策におけるスポーツツーリズムの位置づけ／「する」スポーツツーリズム／「する」スポーツツーリズム事例／「みる」スポーツツーリズム／スポーツインフラ訪問型／スポーツツーリズムの効果／スポーツコミッションとは／体験型プログラム情報提供サイトの登場／スポーツマーケティングと経験価値／スポーツマーケティング資本（資源）の変容／ネイチャースポーツ／スポーツ施設とは

2. スポーツによるシティーマーケティング （50）

3 スポーツマーケティング進化論 ... 61

はじめに （61）

1. 日本と海外におけるスポーツビジネスの格差 （62）

2. スポーツマーケティングにおける2つのサイド （62）

3. 権利活用のグローバルスタンダード （64）

4. スポーツマーケティングにおける2つの階層 （67）

5. スポーツマーケティングの究極の姿 （72）

6. マーケティングの変遷 （74）

7. スポーツマーケティングの発祥と歴史　　（76）

ホルスト・ダスラー（adidas）の偉業（1936-1987）／ダスラーと電通の利害が一致してできたISL／ISLの黄金時代そして破綻／ダスラーの大きな"遺産"／マーク・H. マコーマック（IMG）の偉業（1930-2003）／IMGの事業内容／老舗芸能事務所WME（William Morris Endeavor）／広大な敷地のプロ養成機関も傘下／WME-IMGの業績将来予想は？／フィル・H. ナイト（NIKE）の偉業（1938-）／ナイキの快進撃

8. スポーツマーケティングの
　　発展に伴い創造された権利　　（88）

おわりに　　（92）

4　地域マーケティング論　……………………………… 95

1. 日本の地域スポーツ政策　（95）
　　——なぜ今，地域スポーツへの期待が高まっているのか——

2. 地域スポーツをめぐる政策の変遷　（97）

3. 地域スポーツに関する行政政策　（102）

おわりに　（113）

1 sports marketing
バイエルン・ミュンヘンの経営戦略に関する一考察
―ウリ・ヘーネスマネージャー就任時(1979年)以降の時系列分析―

▼はじめに

　1993年に発足したＪリーグは，ドイツのスポーツクラブ文化を参考にし「豊かなスポーツ文化の創造」を掲げ，今日まで22年間が経過した．だが，Ｊリーグの経営が伸び悩む中，Ｊリーグが手本としたドイツのブンデスリーガの経営は著しい成長を遂げている．健全経営を誇るクラブ経営は世界中から注視され，競技においてもワールドカップ・ブラジル大会で優勝を果たし，育成も注目を集めている．ビジネスと競技の両方で成果が出ている．Ｊリーグとブンデスリーガでは明らかに差違が生じている．

　ブンデスリーガ，プレミアリーグおよびＪリーグの営業収入を比較すると，Ｊリーグは約593億円に対して，ブンデスリーガは約3005億円（23億9200万ユーロ，以下，1ユーロ=119.26円換算）で5倍の開きがある．プレミアリーグは約5528億円（44億ユーロ）なので，約9倍の差が生じている[1]．

　さらに，大塚・得田［2015b：2］によると，ブンデスリーガ，プレミアリーグおよびＪリーグとの営業収入推移を比較すると，プレミアリーグとブンデスリーガは増加傾向にあるのに対し，Ｊリーグは微増減を繰り返し横ばいに推移している．2014年シーズンの1試合平均観客動員数を世界のプロサッカーリーグと比較してみると，1位のブンデスリーガは4万2609人，2位のプレミアリーグは3万6631人，3位のリーガ・エスパニョーラは2万6842人，4位のセリエAは

2万3385人，11位のブンデスリーガ2部が1万7853人であり，Jリーグが12位，1万7803人で続く．ブンデスリーガ2部よりも観客動員数が劣るのである[2]．ドイツサッカーリーグ機構（以下，DFL）クリスチャン・ミュラー取締役は，「各クラブの実力差が小さいことに加えて，近代的で安全なスタジアムがそろっていること，欧州の他のトップリーグに比べて，チケットが低価格なことが成功の秘訣だ」と分析している［木崎 2010：52］．

しかし，先行研究を見ると，ブンデスリーガの歴史［ヘッセ＝リヒテンベルガー 2005］や，マネジメント［坪井・萩 2015；大塚・得田 2015a］，育成システム［祖母井 2006；平田 2012］および欧州の経済動向とドイツのプロサッカーリーグのマネジメントから欧州5大リーグを比較した研究［宮崎・川田 2013］はあるが，すべてブンデスリーガというリーグに特化しており，ブンデスリーガにおけるプロスポーツチームに関する経営研究は存在しない．

そこで，先ずは，ブンデスリーガのプロスポーツチームを時系列的な視点で経営を捉えていく．その代表的な事例として，ブンデスリーガの名門クラブであるバイエルン・ミュンヘンから知見を得ようと取り上げた．特に，ウリ・ヘーネスがビジネスマネージャーに就任した1979年以降に焦点を当てる．ウリ・ヘーネスが就任する以前のバイエルン・ミュンヘンと就任後のバイエルン・ミュンヘンは，クラブ職員が名誉職から利潤を追求する法人格を持つ組織の職員へと変貌するからである．ウリ・ヘーネスは，負債を抱える赤字経営の中，経営を立て直し，現在まで連続して黒字経営を達成するまでに成長させた「中興の祖」といえる存在だからである．

▼ 1. 研究目的と方法

本章では，グローバル化が進行する中で，サッカーマーケティングを展開し，黒字経営を継続するバイエルン・ミュンヘンの経営戦略を明らかにすることを目的とする．ウリ・ヘーネスがマネージャーへ就任した1979年以降のバイエル

ン・ミュンヘンの経営戦略について研究対象とする．研究方法としては，先行研究のレビューと現地における定性調査を実施した．現地調査においては2015年8月24日〜2015年8月28日の3日間，当該クラブハウス等へ赴き，Benjamin Steen（F. C. Bayren MunchenAG, Head of digital Project and CRM, New Media, Media Rights and IT Department）とDominik Zucker（Mataracan GmbH：バイエルン・ミュンヘンのマーケティング担当会社）へインタビュー形式による半構造化面接法による定性調査を実施した．定性調査の他に，バイエルン・ミュンヘンのホームスタジアムであるアリアンツ・アレーナを訪問し，その構造や内部施設などについても視察調査した．定性調査と関連資料を元に研究資料として事例を報告する．本章の構成としては，ブンデスリーガを概観し，次にバイエルン・ミュンヘンの経営を時系列で示し，最後に，研究結果とまとめを加えるものとする．

2. 先行研究のレビュー

ブンデスリーガ発展における社会的背景

　ブンデスリーガが発足するまでを概観する．1900年にドイツサッカー協会（以下，DFB）が設立され，1902年にドイツ選手権が開催された．1963年に地域の優勝クラブが参加できるトーナメント大会へ移行し，国内リーグであるブンデスリーガが誕生した．1部，2部それぞれ18クラブにより構成され，2000年9月よりDFLが運営している．3部以下はDFBの傘下にある．

　宮崎・川田［2013：57］によると，発足当初の観客数は2万4000人を記録したものの，1970年代前半に2万人を割り込んだ．しかし，1974年に西ドイツワールドカップ優勝，1976年欧州選手権決勝進出などの成績を反映し，入場者数も2万6000人まで回復した．その後，1970年後半から1980年代にはスター選手の不在とスタジアム環境の悪化が主因となり，再び2万人を割る時期が続くこととなる．

　さらに，橘［2008：43-46］によると，1991年に旧東ドイツドレスデンで開催

された東欧クラブとの試合中，暴動事件が発生するなどスタジアムの安全性が疑問視されてきた．こうした背景を受け，ドイツ政府からの要請を受けDFBは「スポーツと安全の全国構想（NKSS：National Konzept Sport und Sicherheit）に基づき，スタジアムの安全や入場するサポーターに対する規制項目を設けた．これにより，会場の整理と安全管理が次第に向上していった．

また1990年代後半から大会タイトルから遠ざかり，近代サッカーの潮流から取り残されつつあった．Sue and Marc［2013］によれば，英国のアトランタオリンピック競技大会における不振を，タレントの発掘・育成に注力しなかったことが原因と指摘している．こうした背景からDFBは，優秀なタレントを発掘しアカデミーで育成するプロジェクトに着手した［祖母井 2006；平田 2012：42-45］．大塚・得田［2015a：4］によると，ブンデスリーガの所属クラブには，11歳から17歳まで「アカデミー」の設置を義務付けている．さらに，DFB独自の育成センターを国内390カ所に設置した．

ブンデスリーガはスタジアムの安定性とアカデミーによる育成をリーグ主導でマネジメントをしたことで，2008年に始まった世界的な経済恐慌におけるEU経済圏の不況下でも安定した経営と継続的な発展を維持してきた．特に，海外の有名選手を高額な移籍金で連れてくるというクラブの経済的な負担を断ち切ることに貢献したことが大きい［宮崎・川田 2013：60］．

ブンデスリーガのテレビ放映権とDFLの誕生

ウルリッヒ［2005：360］によると，西ドイツ時代の1983年に民間放送が合法化されると，1988年にライセンス供与会社であるウー・エフ・アー（以下，UFA．複合メディア大手であるベルテルスマングループの傘下）がブンデスリーガの放映権料としてDFBに4000万ドイツマルク（2042万666ユーロ＝約25億6600万円）支払った．これは，1987年に公共放送が支払った額の2倍を超える金額だった．1994年後半にはザット・アインス（以下，SAT1．キルヒ・メディアの傘下），続いてエル・テー・エル（以下，RTL），プルス（ベルテルスマングループの傘下）が同国

初の民間放送局として開局する．キルヒ・メディアグループ傘下の有料放送局プルミエールが参入した1991年には8000万ドイツマルク（4090万3978ユーロ＝約51億3900万円）と倍に跳ね上がった．1992年には，RTLプルスとベルテルスマンはキルヒにブンデスリーガの放映権を完全に奪われる．UFAの競合相手ISPR（キルヒ・メディア傘下）が競争に加わり，7億ドイツマルク（3億5736万1650ユーロ＝約449億円）を支払ってブンデスリーガ5年間の放映権を得た．2000年にはプルミエールがデジタル有料放送とPPV（ペイパービュー）の放送局「プルミエール・ワールド」を開局し，リーグの全試合を生中継した．この試みでキルヒ・メディアは年間7億5000万ドイツマルク（3億8347万4793ユーロ＝約481億8000万円）を費やした．この徹底したテレビ市場の民営化によってクラブに資金が流入した．

2000年9月，テレビ放映権の資金のおかげで裕福になり，世界規模で物事を考えるようになっていた36のプロクラブは，アマチュアの組織に牛耳られることを快く思っていなかった．彼らは独立リーグ構想を検討してDFBを追い詰めた．2000年9月，100年もの間，国内サッカーのあらゆる面を調整してきたDFBは，クラブによる「リーグ協会」の結成を認め，ドイツサッカーリーグ（DFL）と呼ばれる団体を通じて上位2部リーグの運営を任せることにした［ヘッセ＝リヒテンベルガー 2005：446］．

クラブはついにプロサッカー部門を母体組織から切り離して完全に独立した事業とすることによって，会社になることを認められた．これにより，株式市場上場が可能となり，2002年にバイエルン・ミュンヘンも株式会社となっている［ヘッセ＝リヒテンベルガー 2005：442］．

しかし，2002年にキルヒ・メディアが破綻する．イングランドですっかり定着していたが，ドイツ人サポーターはサッカーの生中継を見るのに料金を支払うことに慣れていなかった．2001年，欧州チャンピオンズリーグで優勝したバイエルン・ミュンヘンの試合の入場券はたった8ポンド（1185円．以下，1ポンド＝150.20円換算）で購入できた．ファンが立ち見席の撤廃に強硬に反対したため，DFBは国内リーグに限って，欧州サッカー連盟（以下，UEFA）から全席座

席の規制の免除を取り付けていた．250万人以上も存在するドイツ全土のサポーターにとって，デコーダーを購入して観戦できるキルヒ・メディアのシステムは，購入する価値がなかった．「ドイツは日本同様，CMを収入源とする無料の地上波放送が充実しており，金額を支払ってまで衛星放送を見るニーズが高くない」と小林［2015：203］は指摘している．キルヒ・メディアは4年間のテレビ放映権として10億ポンド（約1481億円）を超える金額でリーグと合意したばかりで，収支が合わない．キルヒ・メディアが破綻したことで，ブンデスリーガでは年俸増加や外国人選手の流入に歯止めがかかり，ユース育成に尽力するなどの改革が促進した［ヘッセ＝リヒテンベルガー 2005：462］．

ブンデスリーガの経営状況

　坪井・萩［2015：11］によると，ブンデスリーガの成功要因を，観客動員数の増加，競技レベルの向上，収入の増加の3点にまとめている．その具体的な成長要因として，4点を示唆している．第1に，スタジアムの安全性が向上し，ハード・ソフトの両面で質の高いスタジアム観戦環境を提供しており，さらに近隣諸国のリーグよりもチケット価格が安価に設定され，その結果世界で最多の観客動員数を誇るサッカーリーグとなった．

　第2に，ドイツ代表の成績不振を受け，2000年から大規模な育成改革によってクラブのユースアカデミーの義務化と充実，全国390カ所に設置した育成拠点の2本柱で行い，さらにトップチームに上がった選手たちに対しては2006－2007シーズンよりドイツ人枠を設けることで一定数のドイツ人選手が在籍できる仕組みづくりを行った．結果として，ドイツ代表は近年の国際大会でも安定して上位に食い込んでおり，ブンデスリーガもUEFAリーグランキングではセリエAを抜いて3位に浮上した．

　第3に，リーグ創設時から健全な経営を徹底し，クラブライセンス制度[3]と50＋1ルール[4]を義務づけてきた結果，他のリーグが経済危機などの影響を受けている中でも安定した経営が行われており，さらに観客動員数の増加と育成改

革の成功に伴い，収入は欧州4大リーグの中でも2番目に多いリーグに成長した．

　第4は，ドイツにおける地域スポーツクラブの歴史は古く，戦後の「ゴールデンプラン」と「第2の道」という政府主導のスポーツ政策によってスポーツクラブを中心とした成熟したスポーツ文化があり，さらに国民のサッカーに対する関心も高く，ブンデスリーガの発展に大きな影響を与えている．

　ドイツは，2006年にワールドカップを開催したことで国内スタジアムが一気に近代化した．ほぼすべての席が屋根で覆われているため，雨でも快適に観戦できる環境にある．

　また，2008-2009年シーズンにおける欧州3大リーグの平均チケット価格を比較してみると，ブンデスリーガが20.79ユーロ（2479円）に対して，プレミアリーグは43.00ユーロ（5128円），スペインリーグが40.00ユーロ（4770円）とほぼ半額である．セリエAの27.00ユーロ（2479円）やリーガアンの26.00ユーロ（3100円）と比べても最も安い価格である．ほぼすべての席が屋根で覆われているため，雨でも快適に観戦でき，さらに値段も安いのだから，観客数が欧州一になるのも当然だろう［木崎 2010：52］．

▼ 3. バイエルン・ミュンヘンの経営発展史

バイエルン・ミュンヘンの概要

　FCバイエルン・ミュンヘン1900e.v.[5]はドイツ・バイエルン州のミュンヘンに本拠地を置くスポーツクラブである．サッカー部門が最も広く認知されており，ドイツプロサッカーリーグ（ブンデスリーガ）に加盟するプロサッカークラブを持っている．ドイツサッカー史上で最も成功したクラブで，世界最大のサッカークラブの1つであり，これまでにブンデスリーガを25回，DFBポカールを17回制しており，これらは共に最多優勝記録である．UEFAチャンピオンズカップおよびUEFAチャンピオンズリーグにおいてもドイツ国内では最多となる合計5度の優勝を果たしているクラブの1つでもある．ブンデスリーガ発足の初年

度から参加したクラブではないが，ブンデスリーガ参戦以降は一度も1部リーグから降格したことがない．1972年〜2004-05年のシーズンまではミュンヘン・オリンピアシュタディオンがホームスタジアムであったが，2005-2006年シーズンからは，アリアンツ・アレーナがホームスタジアムとなっている．

1979年　意思決定機能を強化しガバナンスのある経営組織化

　ウルリッヒ［2005］によると，1966年にベッケンバウアーの代理人であったロベルト・シュバンが初代バイエルン・ミュンヘンのビジネスマネージャー（以下，マネージャー）に就任した．シュバンがマネージャーという職務へ就任したのは，ブンデスリーガでも史上初となる人事であった．その後，ウリ・ヘーネスが1979年にリーグ最年少でバイエルン・ミュンヘンのマネージャーに就任し，ドイツで「マネージャー」という仕事を創り上げていく．ウリ・ヘーネスは，1974年ワールドカップの優勝メンバーだが，怪我のため24歳の若さで現役を引退した．ウリ・ヘーネスがマネージャーに就任した背景には，バイエルン・ミュンヘンの脱税問題がある．国税当局の調査により，250万ドイツマルク（12万7823ユーロ＝約1606万円）の追徴課税を科させると同時に，ノイデッカー会長とシュバンら4人に対して，合わせて40万ドイツマルク（20万4517ユーロ＝2569万円）の罰金が科せられた．

　1979年のヘーネス就任当時のバイエルン・ミュンヘンの年間売上は1200万ドイツマルク（613万5597ユーロ＝約7億7070万円）に対して，負債は700万ドイツマルク（357万9098ユーロ＝約4億4960万円）に膨れ上がっていた．このような状況下で，「バイエルンは唯一無二の存在であるべき」という経営方針を掲げ，拡大路線を打ち出した．それと同時に，ヘーネス自身の月収を1/10以下の1万ドイツマルク（5113ユーロ＝約64万2400円）にまで下げた．経営改革への強い意志が伺える（図1-1）．

　スポンサーとの関係では，新しいスタイルを考案した．単に広告料を支払ってもらうだけの関係では継続しづらい．スポンサーとクラブ間におけるwin-

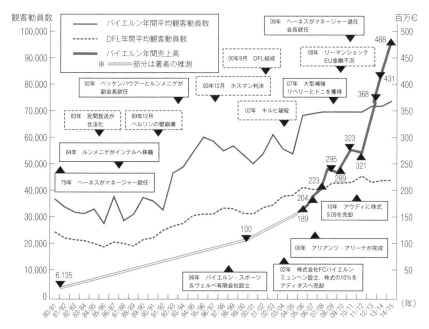

図1-1　時系列に見るバイエルンミュンヘンの主な経営年表

(出所) 鈴木 [2015] とweltfussballを元に筆者作成.

winな関係を構築している．クラブのパイプを活かしてスポンサーへビジネスパートナーを紹介するなどして，スポンサーにもメリットが生まれるようにした．また，自動車会社のスポンサーにはクラブの公式パーティーで大口購入者への橋渡しをした．「クラブに必要なのは，パトロン（援助者）ではない．ともに利益を手にするパートナーだ．クラブとスポンサーはwin-winの関係にあるべきだ」とヘーネスは語っている．1979年当時から，スポンサーとの関係においてビジネスパートナーとして関係を構築している．

ヘーネスは米国視察後，「入場料収入に頼るのは危険」と予見し，グッズ販売に力を入れることになる．当時の入場料収入は売上高の85％を占めていたが [木崎 2012：26]，1997年で27％，2015年では18％まで低下していく．

ヘーネスの回想では，1983年頃，クラブの管理部門の従業員は19名で，「敷

地内にピッチを仕切る立ち木を植えるかどうかで一晩中，理事会がもめたことがあった．わずか2万ドイツマルク（1万226ユーロ＝約128万5000円）の支出だったのに」とある．サッカーがまだビックビジネスに変貌する前の時代は，立ち木8本などという些細なことでも役員や理事の顔色をうかがわなければならず，保守的な役員を説得するだけで時間が浪費されていた．バイエルン・ミュンヘンの理事会でも当時はこの程度であった．

　サッカーが世界的規模のビジネスチャンスへと拡大するに従って，組織は内容を変え，企業内での決定事項は提案から決断までの時間が大幅にスピードアップされた．クラブ職員も，名誉職的なものから利潤を追求する「会社員」へと意識を転換させていったのである．

　ウリ・ヘーネスはマネージャー就任後，明確な経営方針を打ち出し，社員の意識改革を推進した．入場収入に依存しない経営モデルを構築するため，スポンサー収入とグッズ収入を向上させる実践策を展開している．

1984年　ルンメニゲのインテル移籍

　1983年，ウリ・ヘーネス会長，カールハインツ・ルンメニゲ社長（現役選手引退後，バイエルンミュンヘンの副社長となり，のちに社長就任）とともに"バイエルンの三賢者"と後に称されることになるカール・ホプフナーが中途採用で入社する．ホプフナーはもともと大学で経営学を学び，卒業後は中堅建築会社で管理職として働いていた．1982年，新聞でバイエルンの幹部職員募集の求人広告をみて応募し，1983年に400倍の競争を勝ち抜き名門クラブの一員となった．

　カール・ホプフナーの最初の大仕事は，1984年に，カールハインツ・ルンメニゲがインテルへの移籍で得られた約1000万マルク（約8億円）の収入の運用だった．ホプフナーはこの一部を預金して残し，何かあればすぐにキャッシュ対応できる"現金主義"の基礎を築いた．ルンメニゲの移籍をきっかけにクラブ経営は一気に軌道に乗った［木崎 2010：53］．

　1984年から1992年の間，セリエAのクラブへブンデスリーガの選手が多数

移籍している[6].ブンデスリーガの移籍市場において史上最高額を支払うのは，バイエルン・ミュンヘン以外のクラブであった.1987年に300万ドイツマルクをラヨス・デターリ（ハンガリー）へ支払ったのは，フランクフルトだ.1995年に，1100万ドイツマルクをハイコ・ヘルリッヒ（ドイツ）へ支払ったのはドルトムントである.2000年に1500万ドイツマルクをルシオ（ブラジル）へ支払ったのは，レバークーゼンである.

　経営において，営業収入を増加させ利益を上げるために，長期的な視点で投資を行っていくことが重要であることは言うまでもない.Return on investment（以下，ROI.投資利益率）の高い投資によって新たな収入が生まれ，その収入を再投資することで経営は成長していく.サッカークラブにとってROIの好循環を生み出すのは，スタジアムと選手である.移籍金ビジネスは選手を獲得した側にとってはまさに人に対する投資であるが，逆に選手を放出した側にとっても設備や人に再投資するための原資となるため，クラブ経営拡大において重要な取引となる.

　バイエルン・ミュンヘンは1980年から1990年までの間でリーグを7度制覇した［ヘッセ=リヒテンベルガー 2005：341］.その期間，選手移籍についていかに堅実に経営をコントロールしていたかがわかる.バイエルン・ミュンヘンはブンデスリーガの他のクラブで頭角を表した若手選手を獲得するようになる.数年後，そうした選手を高い金額でイタリアのクラブへ放出するサイクルを繰り返した.ドイツでは最高水準の経営を実践していたバイエルン・ミュンヘンはイタリアの資金を得て，無借金経営という堅実な経営路線を強化していく.

1996年　有限会社化

　1996年，バイエルン・ミュンヘンはクラブ会員総会でクラブの資本会社が承認され，「FCバイエルン・スポーツ＆ヴェルベ（広告）有限会社」を設立し，バイエルン・ミュンヘンの法人として，営業と企画を担当している.1997年の年間売上高は1億9600万ドイツマルク（1億21万3209ユーロ＝約125億9000万円），純

利益1580万ドイツマルク（807万8412ユーロ＝約10億1500万円）の企業へと成長した．1997年の年間売上高の内訳は，入場料収入は5320万ドイツマルク（2720万1145ユーロ＝約34億1700万円），テレビ放映権料収入は2670万マルク（1467万4302ユーロ＝約18億4400万円），スポンサー収入1億1610万ドイツマルク（5936万987ユーロ＝約74億5800万円）である．スポンサー収入の内，グッズ収入が8000万ドイツマルク（4090万3350ユーロ＝約51億3900万円）だった．1979年にウリ・ヘーネス就任時，売上の85％を占めていた入場料収入が27％へ低減している．この17年間で入場料収入への依存度を58％縮小したことになる．

　入場料収入とテレビ放映権料収入を合計してもグッズ収入に達していない．グッズ販売には，ファンショップや通信販売が主な販路となる．様々なグッズが掲載された総合カタログを発行し，毎年の発行部数は1000万部に達している．通信販売の取扱店をチェーン化し，最盛期のクリスマスシーズンには，普段ならば27人の専従者を63名に増やして24時間体制で対応した．

　そもそもマーチャンダイジングがバイエルンに導入されたのは，ベッケンバウアー会長が世界的なマーケティング会社であるマッキンゼー社と手を結んだことに始まる．今日のマーチャンダイジングの原型を築いたのだが，これは「今後の発展のために，勉強する一時的な結びつきであった」と，ホプフナーは語っている．実業界と違って，サッカーの世界は毎日の生産・販売活動があるわけではない．さらに，ホプフナーは「勝つことが最も重要な売り物なのであり，負けることはクラブすべての価値を落とすこと」でリスクは避けられない．それでもリスクを最小限に抑え，新たな収入源を探す努力は怠らない［ヘーゲレ 1999：63］．

　しかし，オフィスとして利用しているクラブハウスの一部屋にいる従業員は，ウリ・ヘーネス（マネージャー）とカール・ホプフナー（専務）の2人と，女性秘書数人が常駐しているだけだ．選手，監督，コーチ，医師などで40名以上が存在するため，140名以上となる全社員をクラブハウス内に収容できないからだ．

　ウリ・ヘーネス（マネージャー）とカール・ホプフナー（専務）の2人の机には，

書類が積まれるが，案件は次から次へと処理されている．問題があってもヘーネスの自由裁量で決裁される仕組みとなっている．経営におけるスムーズな意思決定機能は継続的に実践されている．

2002年　株式会社化とスタジアム建設

　テレビ放映権による資金になり，グローバルに物事を考えるようになっていたバイエルン・ミュンヘンを含めた36のプロクラブは，2000年9月，プロサッカー部門を独立した事業として，株式市場上場が可能となった．これに伴い，バイエルン・ミュンヘンも株式会社を設立した．

　バイエルン・ミュンヘンはアディダスに株式10%を売却することで資金を調達し，2006年ドイツFIFAワールドカップ・ドイツ大会に向けたアリアンツ・アレーナという近代的なスタジアム建設を可能にした．シュテファン・ゾンターク［2013］によると，何万人ものファンが集まるスタジアムを新設するには，高速道路のインターチェンジや地下鉄の駅など，公共のインフラを拡張する必要があり，ミュンヘン市の協力が不可欠だった．そのため，プロジェクトは一時的に暗礁に乗り上げた．オリンピア・シュタディオンの改築という代案も浮上したが，これはスタジアムの芸術性を損なうとして設計者から猛反対されていた．そこで2001年秋，ミュンヘン市は新スタジアムの建設を市民投票に委ねた．その結果，市民の66%が「新スタジアム建設」に賛成の意を示し，晴れて建設計画が再始動した．ミュンヘン郊外のフレットマニンクへの交通アクセスは約2億ユーロ（約251億3000万円）を掛けてミュンヘン市が整備し，スタジアム建設に掛かる約3億4000万ユーロ（約427億2000万円）はバイエルンと1860ミュンヘンの2クラブが負担した．当初，スタジアムの所有権もこの2クラブで分け合う形だったが，その後1860ミュンヘンがその権利をバイエルンに売却したことで，バイエルンの単独所有となった．

　ドイツ最大の保険会社「アリアンツ」がネーミングライツを買い取り，アリアンツ・アレーナと名づけられた新スタジアムは，2005年に完成するとたちま

ちファンの心をつかんだ．独特のフォルムと3階層で構成されたスタンド，半透明の特殊フィルムで覆われた近未来的な外観．ナイトゲームの際はクラブカラーの照明がともり，巨大な発光物が闇に浮かび上がるように見える．バイエルンのリーグ戦のチケットは今後5年間，1試合も残らず完売している．「バイエルン・ミュンヘンはシーズン開幕前に全試合のチケットが完売してしまうため，チケットが一般向けに販売されることはなく，20万人を超えるクラブ会員がいるため入手は非常に困難だ」と，Benjamin Steen（F. C. Bayren MunchenAG, Head of digital Project and CRM, New Media, Media Rights and IT Department）は言う．また，Benjamin Steenへのインタビューから，試合観戦に関するサポーター意識差が大きく違うことが明らかになった．サポーターは，チケットを入手した時点で顧客満足度が高い．そのため，トイレの混雑，飲食における購買がしにくい，寒い・暑い・雨天などの天候，駅から遠いなどの日本で起こり得る不満は生じない．

　バイエルン・ミュンヘンの2015年観客動員におけるチケットは完売しているため，観客動員率は100％である．これに対する日本のJリーグは30〜51％［大塚・得田 2015b：1］．この差は明らかだ．バイエルン・ミュンヘンでは，日本のクラブが来場を促進するため配慮すべき環境を無視することができる．プレミアリーグやブンデスリーガの集客成功例をベンチマークとすることができないと，武藤［2009：29］は指摘している．スタジアムの立地環境が異なるので，同じ集客策を導入しても意味がないという．

　スタジアムが満員になるのには，もちろん他にも理由がある．ブンデスリーガでは最も高額なチケットですら，値段は70ユーロ（約8794円）程度．ゴール裏の立見席は15ユーロ（約1885円）以下で買える．しかも，試合のチケットを持っていれば，スタジアムまでの公共の交通機関は無料で利用できる．UEFAは基本的に立見席を認めていないが，DFBは安いチケットを求めるファンのために，国内リーグに限るという条件でUEFAから特別に許可を取りつけている．

　ドイツのクラブはチケットを高額にした瞬間，フットボールとそれを取り巻

く文化を支えている熱心なサポーターが離れていくことを分かっている．だから，彼らはチケットを値上げする代わりに，収益を上げる他の方法を選択した．例えばアリアンツ・アレーナには106室のビジネスラウンジがあり，すべて合わせると1374人を収容できる．ラウンジの年間使用料はランクによって9万ユーロ（約1131万円）から24万ユーロ（約3015万円）で，サッカー以外のイベントの時も使用できる．地元の企業の多くがこのラウンジを年間契約し，試合日に顧客を招待したり，平日のミーティングルームとして使用している．他にも，スタジアムツアーやグッズを販売するファンショップ，レストラン，博物館は常時営業していて，試合のない日も客足が途絶えることはない．

　鈴木［2015］によると，バイエルン・ミュンヘンは，新スタジアムの建設に際し，2005年に3億4000万ユーロ（約427億2000万円）の借入を行った．利子を無視して単純平均で計算しても毎年約1400万ユーロ（約17億5900万円）の返済が必要になるはずだった．当初，バイエルンは，25年をかけて返済する予定を組んだ．しかし，ドイツ最大手保険会社でありミュンヘン市に本社を置くアリアンツ社とスタジアム建設時に30年間のネーミングライツ契約を締結した．同社はコーポレートブランディングの一環として，年間800万ユーロ（約10億500万円）を支払う．さらに同社は2014年2月，バイエルン・ミュンヘンに1.1億ユーロ（約138億2000万円）を出資し，株式の8％を取得している．バイエルン・ミュンヘンは6万9000人収容可能なスタジアムを活用することで観客数を増加させ，収益性を高めるとともに，アリアンツをスポンサー・株主として迎え入れることによって，スタジアム建設資金を返済するための資金を得た．その結果，バイエルン・ミュンヘンは2014年11月，その借金を完済したと発表した[7]．これは予定よりも15年近く早く，僅か9年半で完済したことになる．

　図1-1のバイエルン・ミュンヘンの売上高推移を見ると，2004年に1億8900万ユーロ（約237億5000万円）だった売上は，スタジアム完成後の2005年以来増加を続け，2014年の収入は4億8800万ユーロ（約613億1000万円）と約2.5倍になった．この9年間の平均売上高成長率は約11％．スタジアムへ投資した結果，売上が

大きく増加したことが分かる．

2007年　選手補強による戦略転換

　1980年代から堅実経営を実践してきたバイエルン・ミュンヘンであるが，2006-2007年シーズンを4位で終えて，欧州チャンピオンズリーグの出場権を逃してしまった．このことでスター選手の補強戦略へ方針転換することになった．

　リーマン・ショック前後の世界的な不況は，むしろバイエルン・ミュンヘンにはプラスに作用したと言える．他国のビッククラブが銀行から新たな融資を得られず，補強が思うように行かない中，バイエルン・ミュンヘンは現金払いのアドバンテージを駆使して，リベリー（フランス代表）やトニ（イタリア代表）というスター選手を次々に獲得できた．「クラブ経営の世界では，製造業のように5カ年計画を立てるのは不可能．サッカーは2年先を見通すのが限界だ．だから新しい選手を獲得するときは，必ず理事会で議論しなければいけない．ただし，リベリーらへの投資に関しては，完全にリスクをコントロールできていた」と，ホプフナーは言う［木崎 2010：53］．

　大塚・得田［2015a：3］によると，営業収入における人件費の割合を示す営業収入人件費比率において，ブンデスリーガは43.5%となっているが，欧州のサッカーリーグは60%を超えるという．戦略を保ちながら，最適な営業収入人件費率をクラブが保つことが重要である．ブンデスリーガ全体で営業収入人件費比率から見ても抑制ができているといえる．

2010年　グローバル戦略

　2009年に，ヘーネスがマネージャーを退任し，会長に就任した．2010年には，アウディに9.09％の株式を売却した．国際マーケティング戦略においては，2014年4月にニューヨーク事務所を開設し，アメリカのオンラインショップを運営し，MLSオールスターズとのプレシーズンマッチ「Audi Tuor」を行って

いる．中国でも遠征試合を行っている．ブランド力を活用した商圏の拡大とスポンサー収入の最大化に力点を置いている．カタールでアカデミー「Audi Camp」を実施し，アウディが株主となってからグローバル展開がさらに加速している．

「グローバル戦略における重要なコミュニケーションツールとしてWEBを利用している」と，Benjamin Steenはいう．ネットビジネスにおいては，SAP[8]と連携して，衝動買いできる体制を構築している[9]．さらに，SAPでは，あらゆる情報端末からアクセスでき，顧客ニーズをもらさぬようにWEBで不明な点は，即時コールセンターでも相談できる．SNSなどにおける発言を拾い上げ，商品開発へ結びつけることも可能となっている．

ピッチ内でも，SAPと提携が進んでおり，ブラジルワールドカップでドイツ代表の優勝に大きく貢献したとされる「Match Insights」(SAPとDFBが共同開発)[10]をさらに進化させた「Sports One for Football」を開発し2015年6月より導入している（図1-2）．「Sports One for Football」は，3つの機能を持っている．第1に，Players Fitnessは，選手のけがなどの履歴や服用している薬といった情報からリハビリテーションプランまで一括して管理できる．第2に，Training Plannerは，監督やコーチが練習や試合の日程から選手の誕生日までを管理できる．第3に，Scoutingは，チームに新加入する選手を獲得するための情報を管理できる［ミウラ 2015：27-28］．

バイエルン・ミュンヘンの2013-2014年の収入は4億8800万ユーロ（約613億1000万円）で，2016年シーズンもブンデスリーガを制し3連覇した．バイエルン・ミュンヘンの2013-2014年の収入内訳で比較すると，2013-2014年の収入における4億8800万ユーロの内訳は，入場料収入8800万ユーロ（約110億6000万円）で19％，放映権収入が1億700万ユーロ（約134億4000万円）で22％，スポンサー収入が2億9300ユーロ（約368億1000万円）で59％となっている．

デロイトトーマツファイナンシャルアドバイザリー合同会社[11]によると，欧州トップ20クラブの平均収入内訳は，入場料収入が20％，放映権収入が39％，

スポンサー収入などが41％である．バイエルン・ミュンヘンと欧州トップ20クラブの平均を比較すると，入場料収入は欧州トップ20クラブと1％少ないだけだが，放送権収入はバイエルン・ミュンヘンの方が17％も低い．それに比べ，スポンサー収入が19％も高くなっている．欧州トップ20クラブと違い，バイエルン・ミュンヘンは，放送権収入に対する依存率が低く，スポンサー収入を重視した経営手法といえる．

バイエルン・ミュンヘンの収入の特徴は，約6割を占めるスポンサー収入にある．スポンサー収入が増収した理由は，ヘンケルとの新契約，サムスンと契約更新，ドイツテレコムとの4年間契約延長の影響でスポンサー収入を伸ばしている．特筆すべきは，130万着を超えるレプリカシャツの販売で，その販売数はブンデスリーガのその他17クラブの合計販売数を超えるものとなっている．

図1-2　SAPとの提携によるバイエルン・ミュンヘンのIT戦略

（出所）筆者作成．

グッズ販売は前年比27％増となっている[12]．

ウリ・ヘーネス会長は自分がチームを去った後の準備を進め，「後継者を探すのが課題．将来は4,5名に責任を分けるシステムにしたい」と語っている［木崎 2012：27］．

まとめ

ウリ・ヘーネスが実践した堅実経営は，3点にまとめることができる．意識改革による経営合理化，ROI（投資利益率）が高い経営戦略，および，入場料収入に依存しない経営モデルの確立という3点である．

意識改革による経営合理化については，1979年にウリ・ヘーネスがマネージャーへ就任し，社員の意識改革を推進した．クラブ職員は名誉職的なものから利潤を追求する「会社員」へと意識転換をした．ウリ・ヘーネスが自由裁量で決裁できるため，提案から意思決定までの時間が短縮された．ウリ・ヘーネスが2009年に会長に就任するまで，自由裁量で決裁できるシステムを維持している．また，統括リーグ団体であるDFB（のちのDFL）の変化に合わせ，法人格を取得している．1996年，DFBはクラブの営利企業化を認可した時は，「FCバイエルン・スポーツ＆ヴェルベ（広告）有限会社」へ，2000年9月に，DFLが結成されると，2002年にバイエルン・ミュンヘンは株式会社へと法人格を変更している．時代に則した法人格を取得することで，ガバナンスを含めた営利企業として経営を合理的にグローバルに展開している．

ROIが高い経営戦略については，選手移籍と株式売却による資金調達があげられる．選手移籍において，テレビ放映権収入の高騰による好況期に現金を貯蓄し，不況期には現金払いによる経営を実践している．1983年より，民間放送が国内で合法化され，テレビ放映権収入が高騰する時期において，バイエルン・ミュンヘンは，1984年に，カールハインツ・ルンメニゲをインテルへ移籍させ，国外への選手移籍における経営の基礎を構築した．これ以降，国内クラブから

安価で獲得して，イタリアなどの欧州リーグへ高額で放出するというROIの高い選手移籍経営を実践している．ドイツでは最高水準における経営を実践していたバイエルン・ミュンヘンはイタリアの資金を得て，堅実な経営路線を強化していく．

　また，2002年のキルヒ・メディアの破綻や2008年リーマン・ショック前後の世界的な不況下において，これまで国外へ選手を放出するチームであったが，国外から選手を獲得するチームとなりチームを強化していく．欧州におけるビッククラブが銀行から新たな融資を得られず，補強が思うように行かない状況下で，バイエルン・ミュンヘンは現金払いのアドバンテージを駆使して，スター選手を次々に獲得している．テレビ放映権収入の高騰による好況期に現金を貯蓄し，不況期においても現金払いによる経営を実践しているため，ROIが高い経営戦略となっている．

　株式売却による資金調達においては，リスクヘッジを図りながらROIの高い経営をしている．バイエルン・ミュンヘンは2006年FIFAワールドカップ・ドイツ大会におけるスタジアム建設のため，2002年にアディダスへ株式10%を売却した．さらに，2010年にアウディへ株式9.09%，2014年2月にアリアンツへ株式8%を売却し資金を獲得している．2005年にスタジアムが完成後，2014年のバイエルン・ミュンヘンの売上高は4億8800万ユーロ（約613億1000万円），2004年の売上高と比較すると，約2.5倍も向上した．平均売上高成長率は約11%である．スタジアム投資への結果，収入が大きく増加したことが分かる．当初，バイエルン・ミュンヘンは，25年かけて返済するスタジアム建設費をわずか9年半で完済している．株式売却による資金調達を行い，ROIの高い経営戦略を実践している．

　入場料収入に依存しない経営モデルの確立については，ウリ・ヘーネスが米国視察後，「入場料収入に頼るのは危険」と予見し，グッズ収入を向上させる経営を実践してきた．1979年当時の入場料収入は売上高の85%を占めていたが，1997年で27%，2015年では18%まで低下していく．1996年収入では，入場料収

入やテレビ放映権料収入の合計よりも，グッズ収入が上回っている．

さらに，グッズ販売は，グローバ市場へと拡大し，アナログ方式からITを活用したデジタル方式へマーケティングを移行している．ネットビジネスにおいては，SAPと連携して，衝動買いできる体制を構築している．欲しいと思った瞬間にその商品を購入できる衝動買い体制を構築し，売上げを向上させている．アナログからデジタル・マーケティングへ移行し，商圏販路がグローバルへ拡大している．

バイエルン・ミュンヘンと欧州トップ20クラブの平均を比較した場合，入場料収入は欧州トップ20クラブと1％少ないだけだが，放送権収入はバイエルン・ミュンヘンの方が17％も低い．それに比べ，スポンサー収入が19％も高くなっている．欧州トップ20クラブと違い，バイエルン・ミュンヘンは，放送権収入に対する依存率が低く，スポンサー収入を重視した経営手法といえる．グッズ販売を中心としたスポンサー収入を重視してきたウリ・ヘーネス会長の経営戦略は，ここに来てもまだ色あせていない．

バイエルン・ミュンヘンは，長い伝統と歴史の中で蓄積してきたバイエルン・ミュンヘンのスポーツ資源を新たな経済環境に対応するため，スポーツを活用した総合的な経営戦略を実践している．それは，クラブ経営のグローバリゼーションをにらみながら，ウリ・ヘーネス会長を中心とした経営陣が経営戦略として意図的に位置づけている．

今後はSAPとの提携により，デジタル化が促進される．グッズなどのビジネス分野だけでなく，選手やスカウティングなどのフィールド分野でも新たな展開が期待できる．スポーツ選手を発掘・育成することは，単に優れた選手をつくるだけでなく，それをサポートする産業界へと市場が拡大する可能性がある．バイエルン・ミュンヘンはSAPとともに，IT業界でさらなるイノベーションを促進させる可能性がある．選手，コーチおよびスポーツ医学はもちろんのこと，スパイクなどの道具や設備にも新たなイノベーションを起したならば，アスリート以外の人々の健康に対しても広いインプリケーションを持ち得る可能

性がある.

付記

本章は,日本体育学会体育経営管理領域『体育経営管理論集』第9巻における相原正道・半田裕「バイエルン・ミュンヘンの経営戦略に関する一考察――ウリ・ヘーネスマネージャー就任時(1979年)以降の時系列分析――」pp.33-47を抜粋し,加筆・修正して掲載したものである.

注

1) Deloitte UK, "Annual Review of Football Finance 2016"(http://www2. deloitte. com/uk/en/pages/sports-business-group/articles/annual-review-of-football-finance. html, 2017年1月7日閲覧),Jリーグ「2014年度Jクラブ個別情報開示資料」(http:// www. jleague. jp/docs/aboutj/club-h26kaiji. pdf, 2018年2月8日閲覧).
2) DFL, "The Bundesliga Report 2015"(http://s. bundesliga. de/assets/doc/510000/ 501988_original.pdf, 2017年1月7日閲覧)p.25,Jリーグ「2015Jリーグ年間総括レポート」(http://jlib. j-league. or. jp/content. html#!/24/mposition=19&mtype=index, 2017年1月7日閲覧)p.19.
3) クラブライセンス制度:ブンデスリーガ1部・2部に所属する計36クラブのライセンス審査・交付はDFLの主要業務である.ドイツのライセンス制度はヨーロッパにおいて最も厳しく,模範例として支持されている.DFLは各クラブがリーグに参入する際に,競技レベル,法律,職員,経営,設備,安全,メディア,財政など様々な観点から適性検査を実施する(DFL「DFLの主要業務」(http://www. bundesliga. com/jp/about/ our-task/,2017年1月7日閲覧)).
4) 50+1ルール:クラブの営利企業化を認める代わりに,投資家やワンマンオーナーによる私物化対策として1998年10月に制定された.クラブ以外の個人・団体が保有する議決権を最大49%までに制限する規則.ただし,ルール制定以前から20年以上に渡り企業がオーナーを務めていたレバークーゼンとボルフスブルグに関しては特例としてオーナー企業によるクラブ保有が認められている[遠藤 2015:25].
5) 「e. v.」は登録されたクラブという意味.ドイツでは組織立ったリーグに所属する

クラブはいずれも公共の非営利スポーツ団体として公式に認定されなければならない［ウルリッヒ 2005：40］．

6）1982年～1992年の間にセリエAへ移籍した選手名：トーマス・ベルトルト，アンドレス・ブレーメ，ハンス・ペーター・ブリーゲル，トーマス・ドル，シュテファン・エッフェンベルク，トーマス・ヘスラー，ユルゲン・クリンスマン，ユルゲン・コーラー，ローター・マテウス，アンドレス・メラー，シュテファン・ロイター，カールハインツ・リードレ，カールハインツ・ルンメニゲ，マティアス・ザマー，ルディ・フェラー［ヘッセ＝リヒテンベルガー 2005：359］．

7）2014年11月20日，カールハインツ・ルンメニゲ代表取締役社長はバイエルン・マガジンでアリアンツ・アレーナのローン返済が完結したと発表した．後は「システム上の非常に少額な残務整理を残すのみ」であるという．本来25年の予定で組まれていた返済プランだが，「連盟やバイエルン州，ミュンヘン市から1ユーロの援助もなしに，9年半ですべて払い終えた」とルンメニゲは語った［FC Bayern Munchen official Website 2014］．

8）SAP：1972年にドイツ・ヴァルドルフで創業したソフトウェア企業．世界130カ国以上に支社を持つ．常に最終消費者を意識するデザインシンキングを用いたSAP独自の方法論と，インメモリー，モバイル，クラウドなどの技術を駆使したソリューションを提供することで，あらゆるクライアントのイノベーションを支援している．スポーツ界においても，サッカーだけでなく，米国NFL，MLB，F1のマクラーレン・メルセデスなどと提携している［ミウラ 2015：28］．

9）例えば，ファンが街を歩いている時，応援するチームのユニホームの広告を目にし，欲しいと思ったとする．広告の隅にQRコードがついていれば，ファンはスマートフォンでQRコードを読み取り，ユニホームが購入できるページに飛んで簡単に注文できる．その際に，自宅に配送してもらえるよう指定することもできれば，GPS機能を利用してユニホームの置いてある近くのショップが表示され，そのショップで受け取ることもできる．ユニホームのサイズがわからない場合には，身長や体重を入力することでお薦めのサイズを表示したり，過去にそのチームのユニホームやその他のウェアを購入したことがあれば，それをもとに適したサイズを薦めてくれる．このように，欲しいと思った瞬間にその商品を購入できる衝動買い体制を構築し，売上げを向上させる

仕組みだ［ミウラ 2015：27］．
10）　Match Insights：サッカー競技における1試合中に，ドリブル，シュート，パス，1対1の競り合いなどの細かなアクションが2000回以上発生するが，その1つ1つのアクションが記録・解析され，試合後に必要なシーンを抽出して映像で確認できるシステムである［ミウラ 2015：28］．
11）　Deloitte UK, "Football Money League 2016"（http://www2. deloitte. com/content/dam/Deloitte/uk/Documents/sports-business-group/deloitte-football-money-league-2015. PDF，2017年1月7日閲覧），p,25.
12）　Deloitte UK, "Annual Review of Football Finance 2016"（http://www2. deloitte. com/uk/en/pages/sports-business-group/articles/annual-review-of-football-finance. html，2017年1月7日閲覧），p.12.

参考文献

飯田義明［2005］「イングランドにおけるプロサッカークラブのスタジアム変容に関する一考察」『専修大学体育研究紀要』29.
遠藤孝輔［2015］「外国資本と距離を置き続けるドイツ勢」『footballista』3（8）.
大塚敏弘・得田進介［2015a］「欧州サッカーリーグ（ブンデスリーガ）の財政健全性について」『KPGM Insight』13.
大塚敏弘・得田進介［2015b］「欧州4大プロサッカーリーグと比較した際の日本サッカー界の経営課題」『KPGM Insight』15.
木崎伸也［2010］「バイエルン・ミュンヘン王者復権の鍵は育成と現金主義」『Number』31（18）.
木崎伸也［2012］「バイエルン・ミュンヘン盤石の帝国を築いたウリ・ヘーネスの熱情」『Number』33（3）.
後藤元伸［2006］「スポーツ団体のシステムとEC法――プロスポーツ選手移籍に関する『ボスマン判決』のドイツ法学による解析――」『関西大学法学論集』55（4・5）.
小林至［2015］『スポーツの経済学』PHP出版社.
Konzelmann, S. and M. Fovargue-Davies［2013］"Picking Winners in a Liberal Market Economy : Modern day heresy-or essential strategy for competitive success?"

Centre for Business Research, University of Cambridge Working paper, 441.

祖母井秀隆［2006］「ドイツサッカー協会における若手タレント発掘,育成プログラム」『スポーツ教育学研究』20.

ゾンターク, S.［2013］『ワールドサッカーキング』252.

橘昇［2008］「ドイツの観客数はなぜ世界一なのか」『サッカー批評』40.

坪井和音・萩裕美子［2015］「フットボールリーグのマネジメントに関する研究――ブンデスリーガに着目して――」『生涯スポーツ学研究』11（2）.

デロイトトーマツファイナンシャルアドバイザリー合同会社［2015a］「サッカークラブ経営論」『サッカーマガジンZONE』50（6）.

デロイトトーマツファイナンシャルアドバイザリー合同会社［2015b］「欧州トップクラブの収入はなぜこれほどのまでに桁違いなのか」『サッカーマガジンZONE』50（16）.

平田竹男［2012］『スポーツビジネス最強の教科書』東洋経済新報社.

ヘーゲレ, M.［1999］「バイエルン・ミュンヘンゲルマンの巨人」（安藤正純訳）,『Number』20（3）.

ヘッセ=リヒテンベルガー, U.［2005］『ブンデスリーガ』（秋吉香代子訳）, バジリコ.

ミウラユウスケ［2015］「SAPが巻き起こすイノベーションと, その先にあるもの」『サッカーマガジンZONE』50（13）.

宮崎純一・川田尚弘［2013］「欧州の経済動向とドイツプロサッカーリーグのマネジメント」『青山経営論集』48（1）.

武藤泰明［2009］「経営論から見た日本のプロサッカー」『一橋ビジネスレビュー』56（4）.

ウェブ資料

Deloitte UK, "Annual Review of Football Finance 2016" (http://www2. deloitte. com/uk/en/pages/sports-business-group/articles/annual-review-of-football-finance. html, 2017年1月7日閲覧).

Deloitte UK, "Football Money League 2016" (http://www2. deloitte. com/content/dam/Deloitte/uk/Documents/sports-business-group/deloitte-football-money-league-2015. PDF, 2017年1月7日閲覧).

DFL, "The Bundesliga Report 2015" (http://s. bundesliga. de/assets/doc/510000/501988_ original. pdf，2017年1月7日閲覧）．

DFL「DFLの主要業務」（http://www. bundesliga. com/jp/about/our-task/，2017年1月7日閲覧）．

FC Bayern Munchen official Website［2014］「アリアンツ・アリーナ，ローン完済」（http://www. fcbayern. de/jp/news/news/2014/allianz-arena--komplett-abbezahlt-. php，2017年1月7日閲覧）．

Jリーグ「2015Jリーグ年間総括レポート」（http://jlib. j-league. or. jp/content. html#!/24/mposition=19&mtype=index，2017年1月7日閲覧）．

Jリーグ「2014年度Jクラブ個別情報開示資料」（http://www. jleague. jp/docs/aboutj/club-h26kaiji. pdf，2018年2月8日閲覧）．

weltfussball（Heimspiele. http://www. weltfussball. de/zuschauer/bundesliga-2014-2015/1/，2017年1月7日閲覧）．

鈴木麻依子［2015］「日本と欧州のスタジアム経営の違い──スタジアムに投資すれば，日本のスポーツ界は変わる──」NEWS PICKS（https://newspicks. com/news/863521/body/，2018年2月8日閲覧）．

2 *sports marketing*
スポーツマーケティング論

▼ *1.* スポーツツーリズム

なぜ，スポーツツーリズムなのか？

日本は少子高齢社会であり，人口減少は進み高齢化率は年々高まっている（図2-1）．こうした少子高齢化やそれに伴う人口減少は，日本経済の供給面と需要面の双方にマイナスの影響を与え，日本の中長期的な経済成長を阻害する可能

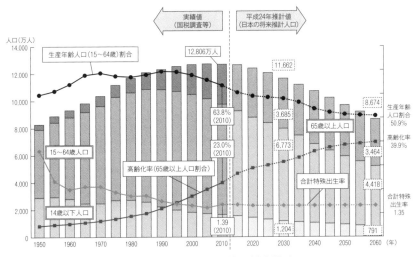

図2-1　日本の人口動態と将来推計

（出所）総務省「国勢調査」及び「人口推計」，国立社会保障・人口問題研究所「日本の将来推計人口（平成24年1月推計）：出生中位・死亡中位推計」（各年10月1日現在人口），厚生労働省「人口動態統計」．

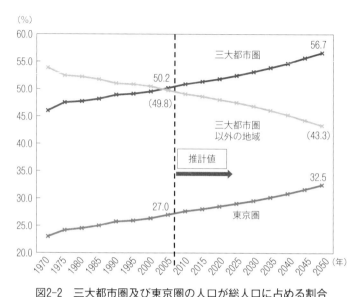

図2-2　三大都市圏及び東京圏の人口が総人口に占める割合
(出所) 国土交通省国土審議会政策部会長期展望委員会「国土の長期展望」中間とりまとめ.

性がある．すなわち，供給面からみた場合，経済成長の要因は，① 労働投入，② 資本投入，③ 生産性（全要素生産性）の3要素に分解されるが，少子高齢化による生産年齢人口の減少は，このうち①の労働投入の減少に繋がると考えられる．また需要面からみた場合，少子高齢化とそれに伴う人口減少は，医療・介護サービスなど一部の分野で国内需要を拡大させる一方，多くの分野で国内需要の縮小要因となると考えられる（総務省平成27年度版情報通信白書）.

また，人口の地方から都市への流出が進んでいる（図2-2）．そうなると地方は先に挙げた国家として人口減少の影響が先んじて事象として現れ，人々の雇用が失われ行政サービスを受けられなくなるなど人が地方で生活できない状況が進み，地方の過疎化・衰退は加速的に進む．

地方の衰退を防ぐためには，地方に産業を産み出し，雇用を創出することが不可欠である．そこで地方に雇用を創出する可能性を秘めたスポーツツーリズムが注目される．

スポーツツーリズムとは

　近年，スポーツを「みる」ためや「する」ための観光（ツーリズム）の事例が増えてきた．例えば「みる」では各種スポーツの世界大会や各国のレベルの高いスポーツリーグの観戦，特に日本人がチームのメンバーとして参加している試合を現地まで出向いて観戦するなどである．「する」では，ホノルルマラソンへの参加や国内のマラソン大会，トライアスロン，サイクリングなどの各種目の大会に参加するために大会会場まで出向き，参加するなどである．このようにスポーツツーリズム（スポーツ＋観光）はスポーツコンテンツへの欲求の高まりや健康志向の高まりなどの影響を受け市場を伸ばしている．

　スポーツツーリズムの種類として原田［2010］は「スポーツ参加型」「スポーツ観戦型」「都市アトラクション訪問型」の3領域に分類し，スポーツツーリズムの現状を説明している．さらに，海外から日本を訪れる観光の市場を「インバウンド市場」，日本から海外に出向く市場を「アウトバウンド市場」，国民が国内の移動にともなう市場を「国内市場」と説明している（表2-1）．

表2-1　スポーツツーリズムの3つのタイプと3つの市場

	参加型（「する」スポーツ）	観戦型（「みる」スポーツ）	訪問型
インバウンド市場	・オーストラリアからのスキー客（北海道倶知安町） ・韓国からのゴルフツアー	・アジア野球大会への韓国・台湾からの応援団 ・2002年ワールドカップへの海外からの応援ツアー	・〈コンテンツ不足の未開拓分野〉
アウトバウンド市場	・ホノルルマラソンへの参加 ・マウイ島でのゴルフ ・海外での草の根スポーツ交流	・MLBで活躍する日本人選手への応援ツアー	・ヨーロッパやアメリカへのスタジアム見学ツアー
国内市場	・各地のマラソン大会やトライアスロン大会への参加 ・スポーツ合宿	・Jリーグやプロ野球アウェーゲームへの観戦ツアー	・スポーツ博物館やスタジアムの見学ツアー

（出所）原田編［2010：260］を改編．

国の政策におけるスポーツツーリズムの位置づけ
〈スポーツ基本計画〉

2017年に策定されたスポーツ基本計画において，スポーツツーリズムの推進について第3章の「今後5年間に総合的かつ計画的取り組むべき施策」において「2 スポーツを通じた活力があり絆の強い社会の実現」の1つとして位置づけられている（表2-2）．

施策目標としてスポーツツーリズムの活性化とスポーツによるまちづくり・地域活性化の推進主体である地域スポーツコミッションの設立を促進することを上げ，そのため地方公共団体は国のスポーツツーリズムに係る消費者動向の調査・分析やスポーツコミッションの優良な活動事例の情報提供等を活用し，地域スポーツコミッションの設立支援や，海・山・川など地域独自の自然や環境等の資源とスポーツを融合したスポーツツーリズムの資源開発等の取組を持続的に推進する，としている．

表2-2 スポーツ基本計画におけるスポーツツーリズム

第3章今後5年間に総合的かつ計画的に取り組むべき施策
2 スポーツを通じた活力があり絆の強い社会の実現
(2) スポーツを通じた経済・地域の活性化
［施策目標］
　スポーツツーリズムの活性化とスポーツによるまちづくり・地域活性化の推進主体である地域スポーツコミッションの設立を促進し，スポーツ目的の訪日外国人旅行者数を250万人程度（平成27年度現在約138万人），スポーツツーリズム関連消費額を3,800億円程度（平成27年度現在約2,204億円），地域スポーツコミッションの設置数を170（平成29年1月現在56）に拡大することを目指す．
［現状と課題］～抜粋～
　各地で国内外からの観光客誘致が図られており，スポーツの参加や観戦を目的として地域を訪れたり，野外活動等を含め地域資源とスポーツを掛け合わせた観光を楽しんだりするスポーツツーリズムの拡大が必要である．
［具体的施策］～抜粋～
　イ　地方公共団体は，国のスポーツツーリズムに係る消費者動向の調査・分析やスポーツコミッションの優良な活動事例の情報提供等を活用し，地域スポーツコミッションの設立支援や，海・山・川など地域独自の自然や環境等の資源とスポーツを融合したスポーツツーリズムの資源開発等の取組を持続的に推進する．

（出所）スポーツ庁［2017］．

〈スポーツツーリズム推進基本方針〉

　2011年,観光庁が主導するスポーツ・ツーリズム推進連絡会議は国内でスポーツツーリズムを推進するための方針である「スポーツツーリズム推進基本方針」を策定した．同方針で，スポーツツーリズムを以下のように捉えている．「我が国には，プロ野球，Jリーグ，ラグビー，プロゴルフ，大相撲，柔道，体操，公営競技などの国際的に高い評価を受け，既に日本独自の文化となった『観る（観戦）』スポーツが存在する．そして，豊かな自然環境や美しい四季を利用した，スキー，ゴルフ，登山，サイクリング，海水浴，さらに今日では，全国各地の魅力的な都市・地域で開催されている市民マラソンなど，多くの国民が親しむ『する』スポーツが存在する．

　特に，地域の自然環境を活用したラフティングやトレッキングなどのアウトドアレジャー，海洋国ならではのマリンスポーツやダイビングなどのオーシャンスポーツ，また山岳国の強みを活かしたスキー，登山，ヒルクライム，パラグライダーなどのアウトドアスポーツは，日本の観光振興において極めて高い潜在力を持っている．

　さらに，これらの『観る』スポーツや『する』スポーツを『支える』地域，団体・組織やスポーツボランティアが存在する．日本はアジア有数のスポーツ先進国であり，スポーツを取り巻く環境は他のアジア諸国と比較して優位である．スポーツツーリズムとは，こうした日本の優位なスポーツ資源とツーリズムの融合である．」

　さらに同方針では「スポーツツーリズムは，スポーツを『観る』『する』ための旅行そのものや周辺地域観光に加え，スポーツを『支える』人々との交流，あるいは生涯スポーツの観点からビジネスなどの多目的での旅行者に対し，旅行先の地域でも主体的にスポーツに親しむことのできる環境の整備，そしてMICE推進の要となる国際競技大会の招致・開催，合宿の招致も包含した，複合的でこれまでにない『豊かな旅行スタイルの創造』を目指すものである．」とも述べている．

〈観光立国推進基本計画〉

2017年,観光庁は観光立国推進基本法に基づき,平成29年度～平成32年度（4年間）の新たな観光立国推進基本計画を策定した.

スポーツツーリズムは,同計画の第3章「観光立国の実現に関し,政府が総合的かつ計画的に講ずべき施策」の「1.国際競争力の高い魅力ある観光地域の形成」の（二）観光資源の活用による地域の特性を生かした魅力ある観光地域の形成 ⑥温泉その他文化,産業等に関する観光資源の保護,育成及び開発で触れられている（表2-3）.

表2-3 観光立国推進基本計画におけるスポーツツーリズム

コ スポーツツーリズムの推進 　スポーツの参加や観戦を目的として地域を訪れたり,地域資源とスポーツを掛け合せた観光を楽しむスポーツツーリズムは,国内旅行需要の喚起やゴルフ,スキー等スポーツへの志向性の高い外国人旅行者の訪日促進に寄与するものである.今後,国内外からの交流人口を一層拡大するためには,地域性の高い魅力あるスポーツ観光資源の創出と,スポーツツーリズムの需要喚起・定着化が必要と考えられる. 　これからの数年間はラグビーワールドカップ2019,2020年東京オリンピック・パラリンピック競技大会をはじめとした国際的メガスポーツイベントが国内で多数開催されることからも,合宿・キャンプの誘致等や大会観戦者の国内周遊促進,さらにリピーター化促進も重要となる.このため,地域スポーツコミッションの設立を促し,スポーツ観光資源の開発や,イベント開催,大会・キャンプ等の誘致等の活動に対し支援を行うとともに,関連する産業界とも連携・協働したスポーツツーリズムの魅力訴求により,国民全体の需要を喚起し,定着化を図る.また,スポーツ庁・文化庁・観光庁が連携し,スポーツと文化芸術が融合した体験型観光素材の創出を図る. 　さらに,文化体験等を通じて地域の魅力を体験するスポーツツーリズム等の各種の滞在プランの造成を促し,海外に発信するよう取り組む. 　また,国内外の旅行者が減少する冬期の観光振興のため,スノーリゾート・スノースポーツの魅力向上や国内外への情報発信等に取り組む.

（出所）観光庁［2017］.

〈地方創生〉

2014年9月に政府は地方創生を目指し『まち・ひと・しごと創生本部』を設置した.

同本部の示した「長期ビジョン」および「総合戦略」では,同本部を設置した背景として国内で

① 2008年に始まった人口減少は，今後加速度的に進む．
② 人口減少による消費・経済力の低下は，日本の経済社会に対して大きな重荷となる．
③ 国民の希望を実現し，人口減少に歯止めをかけ，2060年に1億人程度の人口を確保する．
④ まち・ひと・しごと創生は，人口減少克服と地方創生をあわせて行うことにより，将来にわたって活力ある日本社会を維持することを目指す．

と述べており，今後の具体的な施策の方向性として，

① 地方における安定した雇用を創出する．
② 地方への新しいひとの流れをつくる．
③ 若い世代の結婚・出産・子育ての希望をかなえる．
④ 時代に合った地域をつくり，安心な暮らしを守るとともに，地域と地域を連携する．

を掲げ，それぞれに対し財政支援や人材育成などの具体的な施策を設けている．

　これらの具体的施策の展開にスポーツツーリズムは大きく貢献できる可能性を秘めている．例えば，経済効果であるが，スポーツイベントの誘致ができれば開催前の施設やインフラ整備のために工事事業が発生し，仕事を産み，雇用が産まれる．イベント開催期間中は来訪者の宿泊費，飲食費，交通費などがイベント開催地に落ちる．スポーツ合宿地やプロスポーツの試合開催時にも同様な効果が期待できる．

　次にシティープロモーションであるが，大規模スポーツイベントが開催されればその街の地名が国内外に知ってもらうことができる．そうすることで，その街を訪れる観光客の誘客につながり，その街の特産物の購買に繋がる可能性も出てくる．そうすれば，仕事が生まれ，雇用が生まれる．近年，インバウンド（海外からの観光客）が急増している中で，大都市だけではなく地方の街にも

この流れを引き込むことができれば,地方にも大きな経済効果を生む.そのためにも自らの街を観光客に知ってもらうことが必要なのである.

　最後にソーシャルキャピタルだが,スポーツイベントを通して,住民の相互の信頼関係や協力が得られるため,他人への警戒が少なく,治安・経済・教育・健康・幸福感などに良い影響があり,社会の効率性が高まるとされており,若い世代が安心して結婚・出産・子育てができるようになり,地方の人口流出,人口減少には止めをかけることができる.

　このように,スポーツツーリズムは地方創生のために,大きな役割を果たせる可能性を秘めており,地方創生のためにチャレンジすべきテーマなのである.

「する」スポーツツーリズム

　「する」スポーツツーリズムには,マラソン大会や各種スポーツ大会に選手として参加する競技志向のツーリズムと,楽しみのためにスポーツに参加するレクリエーション志向のツーリズムなどがある.前者には,ホノルルマラソン

	活動性 低い	→	高い
非競争的	ヘルスツーリズム(例:スパツーリズム,ヘルスツーリズム)	ヘルスツーリズム(例:フィットネス,療養)	アドベンチャーツーリズム(例:ラフティング,スキューバーダイビング,ハイキング)
動機	アドベンチャーツーリズム(例:ヨット)	ヘルス,スポーツ,アドベンチャーを含むツーリズム(例:サイクリング,シーカヤッキング)	アドベンチャーツーリズム(例:登山)
競争的	スポーツツーリズム(例:スポーツ観戦)	スポーツツーリズム(例:ローンボール)	スポーツツーリズム(例:海洋レース)

図2-3　スポーツツーリズムとヘルスツーリズムの関係
(出所) Hall [1992 : 142].

やニューヨークシティーマラソンなど，数万人規模のランナーが集う参加競技型イベントへの参加や，野球のリトルリーグからインターハイやインカレまで，多くのアマチュア大会への参加がある．後者には，スキー，キャンプ，ハイキングから冬山登山まで，レクリエーションを目的とするもので，最近では，「アドベンチャーツーリズム」や「エコツーリズム」など，テーマを絞ったアウトドア関連のツーリズムに関心が高まっている（図2-3参照）．

「する」スポーツツーリズム事例

「する」スポーツツーリズムについて，いくつか事例を紹介する．

「鹿島ガタリンピック」

佐賀県鹿島市で開催される日本一干満の差が大きい（6m）広大な有明海の干潟を利用した，干潟の上で行う運動会がガタリンピック・ゲームである．2015年5月で31回を迎え，3万5000人の観客動員数を誇る．種目は，各種団体競技と個人競技がある．2015年度の大会では海外24カ国からの出場者があり，地域から2000人の出場者が参加した．同イベントは，昭和59年，佐賀県の総合計画が発表され，『鹿島』には'新幹線も高速道も通らない'ことが明らかになったことがはじまりであった．時の青年会議所理事長 桑原允彦（前鹿島市長）は，市内の若者達に呼びかけ，むらおこしグループ『フォーラム鹿島』を結成した．そして昭和60年5月3日，第1回鹿島ガタリンピックが開催されました．今まで，誰もが見向きもしなかった干潟を「負」の財産から，地域の貴重な財産へと活用した（逆転の発想）．そして，この干潟は日本でも珍しく，また，『鹿島』という地域の個性を表すことができた[1]，ということである．

「ビワイチ」

「ビワイチ」は，「びわ湖一周サイクリング」の略である．周囲200kmで湖の周りなので高低差はさほどない．2009年には「輪の国びわ湖推進協議会」が設立された．ミッションとして1. 普及啓発：自転車ファンを増やし正しい乗り方

写真2-1　鹿島の干潟で潟スキーを体験する筆者 (2017年8月)

を広める．2. 社会提案：自転車を活かす暮らし方・まちづくりを提案する．3. 調査研究：自転車の使いやすい環境やツール等について研究する．4. ネットワーク活動：交通に関連する団体や個人と関係を深める．を掲げ，様々な事業に取り組んでいる．例えば「びわ湖一周認定証」である．同認定証は湖岸沿いの施設に設置されたチェックポイントを4箇所以上チェックし，申請するとヨシ紙でできた特製「びわ湖一周サイクリング認定証」と毎年色違いの「びわ湖一周サイクリング認定ステッカー」がもらえる．裏にはチェックした時分秒が記載される．2015年9月にはＪＲ米原駅（滋賀県米原市）を自転車での「ビワイチ」の拠点にしようと，同県などでつくる「鉄道を活（い）かした湖北地域振興協議会」が，同駅でサイクリング用の自転車を貸し出す社会実験を行った．2016年3月にはびわ湖一周ロングライドが開催された．

「飛騨里山サイクリング」

　飛騨古川にある株式会社美ら地球（ちゅらぼし）（表2-4参照）は，外国人向けのガイド付き里山サイクリングをサービスとして提供している．同サービスでは，日本人には何気ない景色である里山の風景，日本の原風景をサイクリングを通

写真2-2　里山サイクリングツアーの様子（筆者撮影2015年10月）

して外国人に感じてもらうというサービスである．2010年にスタートしてから，5年間で世界四十数カ国の外国人がツアーを利用している．2009年に当初はレンタサイクルとしてはじめたが，ビジネスとして成立させるために付加価値を付けるために2010年からガイド付きのサービスを開始した．現在では4種類のサイングリングツアーを催行している．

「マラソン」

最近はフルマラソンだけではなく，短い距離でユニークなマラソンが開催されている．

例えば広島市佐伯区で開催されている「八幡川リバーマラソン」は2015年で32回を迎える大会で，「川の中を走る」というとてもユニークな大会である．

また，全国各地で開催されている「スィーツマラソン」は〝走った人に，ご褒美を．〟というコンセプトをもとに2010年に誕生した大会で，給水所の代わりに「給スィーツ所」が設けられ和洋様々なスィーツを食べることができる，ランニングとスィーツを同時に楽しむ大会である．

北海道北見市で開催される「たんのカレーマラソン」は，4人1組のチームと

表2-4　株式会社美ら地球（ちゅらぼし）会社概要

会社概要	
会 社 名	株式会社美ら地球（ちゅらぼし）
	Chura-boshi Company
設　　立	2007年10月23日
役　　員	代表取締役　山田　拓
	取　締　役　山田　慈芳
事業内容	コンサルティング，旅行業
資 本 金	10,000,000円
本　　社	〒509-4235
	岐阜県飛騨市古川町弐之町8番8号
経営理念	
Our Mission	株式会社美ら地球は，社会交流人口を増やす事業を通じて，世界中の人々が訪れたくなり，住みたくなるようなクールな田舎を創ります．
	そして，日本の田舎に残された伝統文化や風景，自然を守り，その素晴らしさを地元の人々，訪れる人々と共有することにより，里山の継承，美ら地球の持続に貢献します．
Our Vision	世界中の人々が訪れたくなり，住みたくなるようなクールな田舎を創り，日本の地方部における新たなライフスタイルの提案者かつ牽引者となることを目指します．
Our 7 Values	私たちはこの7Valuesを大事にして仕事をしています．
	・Sustainable Thinking
	・Challenge
	・Accountability
	・Passion
	・Broad Perspective
	・Client First
	・Challenge

(出所) 株式会社美ら地球公式サイト（https://www.chura-boshi.com/）より筆者作成．

して出場し，それぞれが折り返し地点に用意されたカレーの具材を取りに行き，全員ゴールして材料が揃ったらカレーを作って食べる．2015年で開催30回を迎える．

　このように最近のマラソンでは単に記録を競うだけではなく，レクリエーションとして楽しんで参加できるものもある．また，これらのマラソン大会の前後に地元の特産物を食べたりお土産として買って帰ることも楽しみとしておこなわれる「ラン旅（旅ラン）」という言葉も見られる．

「みる」スポーツツーリズム

「みる」スポーツツーリストを引き付けるオリンピックやFIFAワールドカップのようなメガスポーツイベントは，スタジアムやアリーナが整備された大都市で開催されることが多く，山や海へでかけるレクリエーション志向の「する」スポーツツーリズムとは異なる．日本では，MLBのイチロー選手，ブンデスリーガの香川真司選手，テニスの錦織圭選手のように海外で活躍するスポーツ・セレブ（有名選手）の数が増え，「みる」スポーツ市場がグローバル化するにつれ，海外でのスポーツ観戦ツアーに対する需要が増えている．例えば，2007年にACL（アジアチャンピオンズリーグ）で優勝した浦和レッズの応援には，韓国での試合に4000人ものサポーターが乗り込んだ．

国内ではプロフェッショナルスポーツでは，プロ野球やJリーグのアウェイゲームや，プロテニス，プロゴルフなどがある．アマチュアスポーツでは国民体育大会や全国高校野球大会，全国高校サッカー選手権大会などがある（**表2-5**参照）．

表2-5 「みる」スポーツツーリズムの種類

	国　内	国　外
プロフェッショナルスポーツ	○プロ野球 ○Jリーグ ○Bリーグ ○プロテニス ○プロゴルフ ○モータースポーツ	○メジャーリーグベースボール ○プレミアリーグ ○セリエA ○アジアサッカーリーグ ○ブンデスリーグ ○プロテニス
全国大会・世界大会	○国民体育大会 ○全国高校野球大会 ○全国高校サッカー選手権大会	○オリンピック・パラリンピック ○ワールドカップサッカー ○ワールドカップラグビー ○ワールドベースボールクラシック ○ウィンブルドンテニス ○FIFAクラブワールドカップ

（出所）林［2014］を改編．

スポーツインフラ訪問型

都市インフラ（施設）としてのスタジアムやアリーナは，一般的なツーリス

トアトラクションでもある．ヨーロッパやアメリカの主なスタジアムでは，スタジアムツアーが定期的に行われており，多くの一般観光客や社会見学の一環として児童生徒が訪れる．

またスタジアムやアリーナに付随する，プロスポーツクラブやチームの輝かしい歴史を展示するスポーツ・ミュージアムも，多くのツーリストを引き付けるアトラクションである．例えば，札幌ドームでも同様のツアーやミュージアムもあり，札幌オリンピックの会場となった大倉山の施設やミュージアムも訪問型施設と言える．

スポーツツーリズムの効果

スポーツツーリズムの効果はいくつか考えられる．1つ目は「経済効果」である．例えば，「みる」スポーツツーリズムの例として，プロスポーツのアウェイゲームの観戦が挙げられる．プロサッカーリーグに所属する浦和レッズは熱狂的なサポーターで有名である．彼らの一部はアウェイゲームにも応援に行く．例えばガンバ大阪との試合ならば，大阪まで出向き，試合前日なら一泊し，飲食し，試合の前後で大阪市内を観光するかもしれない．そうすると大阪市には，宿泊費や飲食費，お土産代などが落ちる．これらの事象がJリーグの試合開催時に，全国の会場で起きればJリーグの開催により発生するスポーツツーリズムで全国的な経済効果が見込める．オリンピックやワールドカップなどでも開催期間中などの経済効果も然ることながら，開催までに整備する会場の建設費や道路整備費，また，同イベント開催により地名や魅力が世界的に知られ訪問客が増えるのであればそれも経済効果になる．このようにスポーツツーリズムは単にスポーツ・レクリエーションのイベントを実施する娯楽的なものではなく，「お金」を産むのである．

2つ目に，「シティープロモーション」の効果である．「シティープロモーション」とは簡単に言うと「その街を国内外に宣伝する．」ことである．我々は冬季オリンピックが開催されなければロシアの「ソチ」という都市は知ることが

なかったであろう．サッカーの強豪「FCバルセロナ」のバルセロナや「マンチェスターユナイテッド」のマンチェスターは都市名である．テニスの大会で耳にする「ウィンブルドン」も地名から来ている．これらのクラブの名前や大会の開催地名はテレビや新聞，インターネットを通じて視聴者に伝わる．このようにスポーツを通して，そのクラブのある都市名やイベントの開催された都市名を国内外の人たちに知ってもらうことができるのである．都市名を知ってもらえればその都市に関心を持ってもらえることにもなり，観光で訪れてみようであるとか，その都市の特産物を買ってみようであるとかその都市に経済効果をもたらす可能性が出てくる．したがって，どの都市も先に上げた短期的な経済効果も然ることながら，自分たちの都市を知ってもらうことで得られる中長期的な経済効果を得ようとしてプロクラブの招致，上位リーグへの昇格，イベントの招致を目指すのである．

　3つ目に，「ソーシャルキャピタル」醸成効果である．「ソーシャルキャピタル」とは，社会・地域における人々の信頼関係や結びつきを表す概念である．ソーシャルキャピタルが蓄積された社会では，相互の信頼関係や協力が得られるため，他人への警戒が少なく，治安・経済・教育・健康・幸福感などに良い影響があり，社会の効率性が高まるとされる．スポーツイベント開催にあたっては多くのボランティアと住民の協力が不可欠である．このような参画意識が地域の連帯感を育み，ソーシャルキャピタル醸成へと繋がる．また，プロスポーツクラブの存在や大規模スポーツイベントの開催は，開催地に住む住民に対し，その地域に住む「誇り」を産む．その誇りは地域住民としてのアイデンティティを強化し，その都市からの人口流出を防ぎ，逆に住みよい街として人口流入の可能性を産みだす．

スポーツコミッションとは

　スポーツと，景観・環境・文化などの地域資源を掛け合わせ，戦略的に活用することで，まちづくりや地域活性化につなげる取組が全国で進められている．

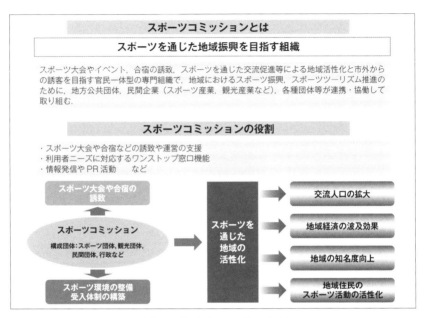

図2-3　スポーツコミッションとは

(出所) 由利本荘市サイト (http://www.city.yurihonjo.lg.jp/, 2017年9月5日閲覧).

例えば，スポーツへの参加や観戦を目的とした旅行や，スポーツと観光を組み合わせた取組である「スポーツツーリズム」，域外から参加者を呼び込む「地域スポーツ大会・イベントの開催」，国内外の大規模な「スポーツ大会の誘致」，プロチームや大学などの「スポーツ合宿・キャンプの誘致」などが，代表的な取組である．各地でこれらの取組を推進しているのが，地方公共団体とスポーツ団体，観光産業などの民間企業が一体となって組織された「地域スポーツコミッション」(図2-3参照) である．スポーツを通じた地域振興の，まさに中心的存在として活動している．

体験型プログラム情報提供サイトの登場

日本各地には自然を活用した様々なアウトドアアクティビティがある．それらのアクティビティをワンストップのサイトで紹介するのがアソビュー株式

会社である．同社は地の利を活かした魅力的な「遊び」や「ワクワクする体験」をITとデザインの力を活用して磨き，Web上で発信し広げていくことで，ワクワクする世界の実現を目指している．提供しているサービスは，① 日本最大の「遊び」のマーケットプレイス「asoview!（アソビュー）」，② 読むとおでかけしたくなる遊びのニュース「asoview!NEWS」，③ あなたと「旅」をつなぐwebマガジン「asoview!TRIP」，④ レジャー事業者向け業務管理ツール「satsuki」がある．また，これらのアセットを有機的に活用し，様々なマーケティングソリューションを官庁，自治体，大手企業向けに提供している．

同社の事業は1. サービスEC事業，2. マーケティング・プロモーション事業，3. コンサルティング事業，4. エンタープライズ事業，5. 新規事業を行っている（表2-6）．

スポーツツーリズムの推進に向けて，政府はスポーツ庁や観光庁を中心にス

表2-6　アソビュー株式会社の事業

1. サービスEC事業	日本一の商品数を誇る遊びのマーケットプレイス「asoview!」．日本全国の遊びを開拓して，磨き上げた上でインターネット上に掲載しています．2016年からは，オンラインの電子チケットの販売も開始し，アウトドアレジャーやインドアものづくり体験だけでなく，温浴施設や水族館などのお出かけ先もお得に利用することができます．
2. マーケティング・プロモーション事業	企業や地方自治体のマーケティング課題を解決しています．これまで観光先進県の沖縄県や広島県をはじめ，100を超える自治体のプロモーション案件等のお手伝いをしてきました．また，asoview!の強みを活かして，企業のサンプリングやプレゼントキャンペーンも行っています．
3. コンサルティング事業	地域創生，インターネットのプロとして，業務改善やオペレーション構築，マーケティング支援など多岐にわたりコンサルティングしています．集客を前年比数倍に，コストを数％削減などクライアントの課題に向き合い，改善提案をしています．
4. エンタープライズ事業	4,000施設以上が導入している予約管理，在庫管理機能をもつシステムを無償で提供してます．宿泊産業，飲食産業に比べ，発展途上である「遊び産業」において，生産性の向上を目的としたシステムを構築しています．
5. 新規事業	海外展開やギフト事業など，様々な領域で積極的にチャレンジしています．

（出所）アソビュー公式サイト（https://www.asoview.com/，2017年9月15日閲覧）．

ポーツコミッションの設立など様々な施策を展開しているが，アソビュー株式会社のように民間でアウトドアアクティビティ事業の開発・情報発信などが行われることが期待される．

スポーツマーケティングと経験価値
〈モノ→コトへ〉

経験価値については，2016年に経済産業省とスポーツ庁が共同で取りまとめた「スポーツ未来開拓会議 中間報告」ではスポーツ産業の推進に向けた基本的な考え方の1つとして「全ての国民のライフスタイルを豊かにするスポーツ産業へ：「モノ」から「コト」（カスタマー・エクスペリエンス）へ」とあり，またスポーツ市場拡大に向けた方向性の1つとして「スタジアム・アリーナ改革（コストセンターからプロフィットセンターへ）：スポーツ人口を増やすためには，まずスポーツ観戦人口の増加を促すことが重要である．そのためには，まず，スポーツ観戦に伴う顧客経験価値（＝カスタマーエクスペリエンス）を高めるための飲食・物販・宿泊等附帯施設のスタジアム・アリーナ関係の整備が重要である．」とあり，スポーツ産業発展のための経験価値の重要性について述べている．

〈経験価値マーケティング〉

経験価値マーケティングとは「顧客価値の範囲を広くとらえ，顧客が商品・サービスを購入し，利用する際の体験を意識的にデザインすることで，総合的な顧客価値の提供を図るマーケティング手法」である．この考え方はバーンド・H. シュミット［Schmitt 1998：邦訳］による提唱で，経験価値にはSENSE（感覚的価値），FEEL（情緒的価値），THINK（創造的・認知的価値），ACT（肉体行動，ライフスタイルに関わる価値），RELATE（準拠集団への帰属価値）の5つの要素が含まれる．

〈5つの顧客経験価値〉

バーンド・H. シュミット［Schmitt 1998：邦訳］によると経験価値にはSENSE

表2-7　経験価値の5つの要素

SENSE（感覚的経験価値）	視覚,聴覚,触覚,味覚,嗅覚の五感を通じた経験
FEEL（情緒的経験価値）	顧客の感情に訴えかける経験
THINK（創造的・認知的経験価値）	顧客の知性や好奇心に訴えかける経験
ACT（肉体的経験価値とライフスタイル全般）	新たなライフスタイルなどの発見
RELATE（準拠集団や文化との関連づけ）	特定の文化やグループの一員であるという感覚

(出所) Schmitt [1998：邦訳] より筆者作成．

（感覚的価値），FEEL（情緒的価値），THINK（創造的・認知的価値），ACT（肉体行動，ライフスタイルに関わる価値），RELATE（準拠集団への帰属価値）の5つの要素が含まれる（表2-7）．

SENSE（感覚的価値）は視覚，聴覚，触覚，味覚，嗅覚の五感を通じた経験，FEEL（情緒的価値）は顧客の感情に訴えかける経験，THINK（創造的・認知的価値）は顧客の知性や好奇心に訴えかける経験，ACT（肉体行動，ライフスタイルに関わる価値）は新たなライフスタイルなどの発見，RELATE（準拠集団への帰属価値）は特定の文化やグループの一員であるという感覚である．

例えば，サッカーを行った場合，グランドの芝生の匂いや感触，試合会場の様子を観て価値を感じることもあるだろうし，試合の勝敗で喜怒哀楽により充実感を感じる場合もあるだろう．また，戦術や技術に関する知識などを得ることにより知性や好奇心に訴えかける経験もするだろうし，試合やトレーニングを日常に組み込むことでライフスタイルの変化も産まれる．チームに所属すればメンバーと交流することになりチームへの帰属意識も生まれるだろう．サイクリングにも様々な経験価値がある（表2-8）．このように「する」スポーツと経験価値は密接に関係していると考えられる．

スポーツマーケティング資本（資源）の変容

2020年の東京オリンピックを開催準備が進められているが，その際国立競技場の建設費について大きく注目された．人口減少，都市への人口集中などが問題視される中で，今後地方での大型公共施設の建設については非常に厳しい状

表2-8 サイクリングの経験価値

	しまなみ海道サイクリング	飛騨古川サイクリング	ビワイチサイクリング
SENSE（感覚的経験価値）視覚，聴覚，触覚，味覚，嗅覚の五感を通じた経験	海の景色，海・風の音，海風が肌に触れる，塩レモン，塩ソフト，柑橘，魚介の食事，海の香り	日本古来の里山の景色（山，田んぼ，小川，古民家，山と空のコントラストなど），森（木々）の香り，牛，干し柿，城下町の町並み，鯉が泳ぐ水路，店舗，川の流れる音，小鳥のなく声，水汲みの水，風が肌に触れる感覚，飲む水・コーヒー，お土産売り場で買う現地の特産物・名物，木々の香り，焚き火の香り	湖岸の景色，湖岸際の山，空とのコントラスト，琵琶湖大橋とのコントラスト，自転車目線の景色，南と北で変わる琵琶湖の風景，島，湖北の水の綺麗さ，魚，鳥，湖の波の音，風切る音，湖からの風，湖料理，地元の名物（鮒寿司），道の駅での試食
FEEL（情緒的経験価値）顧客の感情に訴えかける経験	大自然の中（ビル，電車などない）という非日常空間にいるという開放感，海の上，海岸線を走るという非日常性，日本の海の田舎の自然・営みに触れ合うことでの日本の価値の再認識	自然の美しさ，空気・水の綺麗さ，都市を離れて自然の中にいるという開放感，自転車という自分のペースで楽に移動できるという自由感，日本の古来の風景に出会えるノスタルジー感，日本の山の田舎の自然・営みに触れ合うことでの日本の価値の再認識，外国人と交流することで生まれる自国へのアイデンティティ，日本人の知恵への敬意	日本一の琵琶湖（200km）を一周しているという優越感，長い距離を信号にあまり捕まることがなく走れるという爽快感，湖の湖岸を走るという特別感，ゴールした時の達成感
THINK（創造的・認知的経験価値）顧客の知性や好奇心に訴えかける経験	出発地の今治市（愛媛県），尾道市（広島県），島々，しまなみ海道の歴史，文化，食，気候など，海岸を走るコツ	里山での暮らしに接することで気づく地元の人の自然と共存する知恵，飛騨古川の歴史，文化，食，気候，外国人との交流によって気付かされる外国人の日本に対する価値・感情，自然（気候，植物，水），地場産業，工芸品，建造物と自然との共存	琵琶湖の自然，歴史，湖岸の人々の営み・文化，気候，湖（琵琶湖）の周りを走るコツ
ACT（肉体的経験価値とライフスタイル全般）新たなライフスタイルなどの発見	ロングライドに対する魅力の発見，自然の中を走る魅力，民宿に泊まりながらサイクリングを楽しむという楽しみの発見，輪行の楽しみ，週末の楽しみの発見，ロングライドの達成感	4時間のスローロングライドによる爽快感，適度な疲労感，リラックスした運動，気軽に停まれるの安心感，自然の中（田舎）を走る楽しみ，休日に都市を離れ地方を訪れるという楽しみ，外国人と交流する楽しみ，マウンテンバイクに乗る楽しみ，里山を走るという楽しみ	200kmというロングライド，湖の周りを走ること
RELATE（準拠集団や文化との関連づけ）特定の文化やグループの一員であるという感覚	サイクリング仲間とのツアー，サイクリストとの現地での交流，SNSでの交流	里山サイクリンググループでの一体感，SNSでの交流，地元の人との交流による自然が好きなもの同志の一体感	サイクリング仲間とのツアー，サイクリストとの現地での交流，SNSでの交流，琵琶湖を愛する地元の人との交流

（出所）林恒宏 [2017]．

表2-9 世の中の4つの資本

人的資本	教育, 訓練, 経験を通じて労働者が獲得する知識と技能
物的資本	財・サービスの生産に用いられる設備や建造物のストック
自然資本	土地, 河川のように, 自然が供給する財・サービスの生産への投入物
文化資本	芸術作品, 文化財, 伝統, 言語, 慣習など, それらが有する文化的価値と経済的価値の双方を生み出す資産

(出所) Throsby [2001：邦訳] より筆者作成.

況になっていくことが想定される.

　そのような中で，スポーツ庁が策定したスポーツ基本計画や観光庁が策定した観光立国推進基本計画，スポーツツーリズム推進基本方針などにおいても注目されているのが自然資本を活用したアウトドアスポーツである.

　文化経済学者のD. スロスビーによると，この世の中の資本（資源）は，4つに集約されるという．それは,「人的資本」と「物的資本」，および「自然資本」と「文化資本」である.

① 人的資本

　人的資本は，教育，訓練，経験を通じて労働者が獲得する知識と技能である．財やサービスを生み出すのは，根本的には人であるから「人的資本」がもっとも重要であることは間違いない．しかし，その人的資本こそが地域にもっとも欠けている．人は，働くことのできる企業，商店，公共部門がなければその地域には住めない．この働く場の確保こそが，地域にとってもっと重要な課題である.

② 物的資本

　物的資本は，財・サービスの生産に用いられる設備や建造物のストックである．戦後の日本は，重化学工業で大成長を遂げた．その企業や工場の多くが大都市のみならず地域にも多数移転してきた．しかし，これが，産業構造の転換やグローバル経済の進展で，地域から工場や企業が撤退・縮小していった．現在は，企業誘致どころではなく，いかに撤退・廃業を食い止めるかがが求めら

れている状況である．つまり，物的資本が縮小している．

③ 自然資本

土地，河川のように，自然が供給する財・サービスの生産への投入物である．地域には，「自然資本」が，相対的（絶対的）に多く賦存している．工業・商業の衰退だけでなく，農林水産部門の縮小も進んでいる（1人当たりの自然資本は大きくなっている）．但し，単に手付かずの自然が豊富にあれば良いかということでもないであろう．資本というからには人が効用を得るための手段となるべきである．自然環境を破壊しないような利活用が求められている．

④ 文化資本

文化資本とは，芸術作品，文化財，伝統，言語，慣習など，それらが有する文化的価値と経済的価値の双方を生み出す資産である．地域の中ですでに顕在化している文化資本をより増強したり，かつては存在していたが今は廃れていたり，散逸したものの復元や復興もありうる．これらの活動によって，地域の文化資本を高めることが望まれる（地域教育，アイデンティティ確立，地域ブランド形成）．D．スロスビーによると，この世界は遺産で溢れている．どの町にも村にも，自分たちが気が付かない文化資本がまだまだ存在している．

スポーツツーリズムのインフラには，公園（国立・地域），山，岩，スパ，海辺，

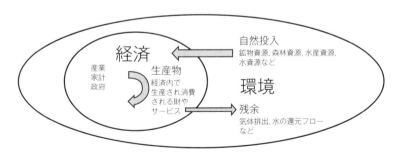

図2-4 自然投入，生産物，残余の物量フロー

(出所) United Nation [2012].

湖，川，屋外空間，荒野といった自然特性もある［原田・木村 2009］．

スポーツツーリズムは，環境から自然資本を投入しコンテンツ（財やサービス）を生産し消費する経済活動となる（図2-4）．

ネイチャースポーツ

スポーツはインドア（屋内）で行われるものとアウトドア（屋外）で行われるものがある．また，アウトドアで行われるスポーツもきちんと整備された競技施設（グラウンドなど）で行われるものから，大自然の中で行われるネイチャースポーツ（アドベンチャースポーツ）まで幅広いものがある．

ネイチャースポーツは，空から山，海まで，季節に応じたそれぞれの競技がある（表2-10）．競技で使う道具や装置も，スカイダイビングでは飛行機，カーレースでは自動車，馬術では馬など多様である．

表2-10　ネイチャースポーツ

空スポーツ	スカイダイビング，グライダー，ハングライダー，パラグライダー，パラシューティング，熱気球，バンジージャンプ，スポーツカイトなど
山/森スポーツ	登山，トレイルランニング，ロッククライミング，オリエンテーリング，ハイキング，サバイバルゲーム，フライングディスク，ブーメランなど
海/川スポーツ	ヨット，ボート，サーフィン，ボディボード，セイリング，水上スキー，ウェイクボード，釣り，ダイビング，カヌー，カヤック，スイミングなど
雪スポーツ	スキー（ノルディック，アルペン，フリースタイル，テレマーク，スピード），スノーボード（アルペン，フリースタイル，クロス），ボブスレー，スケルトン，リュージュ，スノースクート，雪合戦など
車スポーツ（カー/バイク/自転車/船）	バイクトライアル，モトクロス，カーレース，競艇，モーターボード，ジェットレース，オートレース，ラリー，サイクルレース，サイクリングなど
動物スポーツ	馬術，競馬，ポロ，ロデオ，犬ぞりレースなど

（出所）日本スポーツツーリズム推進機構編［2015］．

スポーツ施設とは

スポーツ（運動）施設は一般的にはスポーツを行う場ということではあるが，スポーツの概念による考え方や，施設を設備や用具とどう区別するのかなど，

表2-11 タイプ論による地域の一般的・主体的施設

		(1)近隣運動施設			(2)自然的運動施設	
概念		近隣社会の住民のために,身近な場所を主眼として考えられた運動施設			自然のなかで運動ができるものとして開発された施設	
タイプ		①遊び場	②近隣運動場	③地域運動場	①運動公園	②自然的運動場
内容	概要・対象	就学前の幼児	学齢期の児童・生徒	地域(コミュニティ)の青少年や成年	地域運動場をさらに充実しながら,自然的な条件を多く加味したもの	自然をできるだけそのままのカタチで生かしながら,運動ができる場として開発した郊外にある広大な土地
	規模・位置	住宅密集区域の中心 幼児が歩いて行っても利用できるところ	小学校,中学校の近くに設置 交通の激しい道路や工場の近くを避ける	地域全体からみて中心部に設置	いろいろ珍しい,また美しい風景のある郊外の地	
	構造	簡単で完全に子どもが遊べるような遊具 自由な活動のできる広場(芝生)	近所の幼児が利用する「遊び場」が併設されている 固定遊戯施設	子どもたちのための施設も併設されているとよい プール,駐車場	森林地などの自然の姿を効用的に利用すること ピクニックエリア	キャンプ,ピクニックセンター ウィンタースポーツ施設の設置

(出所) 宇土・八代・中村 [1992].

概念の捉え方も一様ではない.

表2-11はタイプ論による地域の一般的・主体的施設の分類を示したものである.自然の中で行われる各種スポーツの施設としては,自然的運動場と考えることができる.

2. スポーツによるシティーマーケティング

〈シティープロモーションとは〉

シティープロモーションとは,日本都市センター [2014] によると「地域の魅力を内外に発信し,その地域へヒト・モノ・カネを呼び込み地域経済を活性化させる活動」である.

また,河井 [2013] によるとシティープロモーションとは「地域を持続的に発展させるために,地域の魅力を発掘し地域内外に効果的に訴求し,それにより,人材,物財,資金,情報などの資源を地域内部で活用可能としてくこと」であ

り,「市民の連携によって,地域の多様なステークホルダーが持続可能性をもって活動し続けられること」だと述べている.

　定期的なスポーツイベントが開催されるためにはそのイベントを開催する意義を地域の住民が理解する必要がある.イベントが開催される地域の歴史や風土,地理的条件,社会要因など様々な要素のもとにそのイベントが開催される必要性を地域住民が理解することで,人材や資金などの協力が産まれる.地域の協力を得られて魅力的な内容のイベントとなれば,地域外の人々にイベントを知ってもらうことができる.そのことで地域外からの参加者がイベント参加のためにその地域を訪れることになると宿泊や飲食などの経済効果が生まれたり,地域の認知度・ブランドイメージがアップしその地域の物産の販促に繋がったり観光客の誘客につながる可能性も拡がる.

　スポーツイベントによる効果と同様に,プロスポーツクラブがあることで定期的にホームゲームに地域外から相手チームの応援団が訪れたり,クラブ名に地域名を冠していればクラブ名がメディアで取り上げられれば地域名を多くの視聴者に認知してもらうこともできる.

　このようにスポーツイベントやプロスポーツクラブとシティープロモーションは密接に関係しており,地方創生が叫ばれる昨今,スポーツが果たせる役割は大きい.

〈Jリーグのアジア戦略〉
① Jリーグとアジア諸国との関係

　公益社団法人日本プロサッカーリーグ(Jリーグ)は,これまでアジアサッカーの発展を視野に入れ,アジア諸国との交流を行ってきた.2012年にJリーグがアジア戦略を本格的にスタートする前にも,競技面でのレベルアップや各国の切磋琢磨を目的に,隣国の中国Cリーグ,韓国Kリーグと,各国リーグのチャンピオンチームが対戦する「A3チャンピオンズカップ」(2003〜06年)や,Jリーグ,Kリーグのオールスターチームの対戦(2008,2009年)などの大会を開催してきた.

　これらの大会の開催によって,リーグやクラブ関係者の交流,情報の共有,

ノウハウのシェアなど，競技面にとどまらない交流を図ることができた．

Jクラブも，2004年にアルビレックス新潟のチーム「アルビレックス新潟シンガポール」によるシンガポールSリーグへの参加や，浦和レッズが実施する普及活動を「浦和レッズハートフルクラブ in アジア」としてアジア諸国で開催するなど，独自に交流を推進している．

② アジアサッカーのレベル底上げと，日本サッカーのレベルアップのために「アジア枠」導入

現在，市場規模においては，イングランド，スペイン，ドイツをはじめとする欧州諸国，そして競技面においては欧州に加え，ブラジル，アルゼンチンなどの南米の国々が世界のサッカーのトップに君臨している．

Jリーグは，日本サッカーのレベルアップだけでは，日本も含めたアジア諸国が世界のトップレベルに追い付き，FIFAワールドカップをはじめとする国際舞台で好成績を収めることができないと考えている．

アジア諸国から優秀な選手を獲得して，Jリーグに活躍の場を広げることで，Jリーグの競技面におけるレベルアップを図ること．Jリーグで活躍するアジア諸国の選手が自国の代表チームで活躍し，強いライバルとなることによって，日本代表のレベルアップにつなげること．そして，アジア諸国の選手がJリーグで活躍することで，アジアの注目をJリーグに集め，Jリーグとアジアサッカーの市場拡大を目指すこと．

これらの目的のために，2009年から各チームの外国籍選手の登録数を拡大して，3名の外国籍選手枠に加え，アジアサッカー連盟加盟諸国の選手1名を登録可能とする「アジア枠」を設けている[2]．

③ アジア戦略室（現国際部）の設立

2012年，Jリーグ内にアジア戦略室（現在は国際部）を設立した．アジア全体のサッカーのレベルアップをJリーグが主導して促進し，世界のサッカー市場におけるアジアの価値向上を目指している．また，アジアの中でJリーグのプ

レゼンスを高め，パートナーやリーグ，クラブの新規事業機会を創出し，将来的にアジアの内でリソースを最大化させることを目的としている．

同部は外務省や総務省，経済産業省，スポーツ庁，観光庁といった政府機関や日本政府観光局，JETRO，JICA，国際交流基金アジアセンターといった外郭団体，経団連，日本財団といった民間団体とも連携しながら様々な事業を展開している．

④ アジア市場の拡大を目的にしたアジアサッカーへの貢献

Jリーグは，アジアにプロサッカーの大きな市場が生まれ，その中心にJリーグが位置することで，競技面，ビジネス面の両方において，日本が欧州とは異なるスタイルのサッカー大国となりうると考えている．そのためには，アジア諸国においてJリーグの位置付けを確固たるものとすること，パートナーやJクラブの新しい事業機会を創出することが不可欠となる．

それらを実現するため，2012年から，テレビ放送を利用したアジア諸国でのJリーグの露出拡大，Jリーグがこれまで培ってきたノウハウをアジア諸国と共有することや，現地でのサッカークリニック，イベントなどの実施，ASEAN（東アジア諸国連合）のリーグとパートナーシップ協定締結など，具体的な活動を進めている．また，Jリーグはスポーツの分野から世界に輸出できる日本の産業として，Jリーグを「ジャパンブランド」の1つと位置付けることを提案し，経済産業省が取り組む「クール・ジャパン戦略」，総務省，外務省，国際交流基金，JICA（独立行政法人国際協力機構）等と連携しながら，新たなビジネス機会の創出や，日本経済の発展に寄与することを目指している．これらを遂行するため，Jリーグ内に「アジア室」を設立し，Jリーグ，Jクラブ，パートナーの新規事業開拓を行っている．

⑤ Jリーグのノウハウをアジアとシェアするアジア諸国のプロリーグとのパートナーシップ協定締結

Jリーグは，2012年にタイプレミアリーグ（2月）とのパートナーシップ協定

の締結を皮切りに，アジア各国との連携を強化している．2017年10月現在，タイ，ベトナム，ミャンマー，カンボジア，シンガポール，インドネシア，イラン，マレーシア，カタールの9カ国とパートナーシップ協定を締結，またオーストラリアとスペインとは戦略的連携協定を締結しており，合計11カ国と連携を深めている（表2-12）．

表2-12　Jリーグとの提携リーグ

国　名	提携リーグ名	提携年
タイ	タイプレミアリーグ	2012年
ベトナム	ベトナム・Vリーグ	2012年
ミャンマー	ミャンマーナショナルリーグ	2012年
カンボジア	カンボジアリーグ	2013年
シンガポール	シンガポールリーグ	2013年
インドネシア	インドネシアスーパーリーグ	2014年
イラン	イラン・プロフェッショナルリーグ	2015年
マレーシア	マレーシア・スーパーリーグ	2015年
カタール	カタール・スターズ・リーグ	2015年
オーストラリア	オーストラリア・Aリーグ	2016年
スペイン	リーガエスパニョーラ	2017年

（出所）Jリーグ公式サイト．

　Jリーグが海外のリーグとパートナーシップ協定を締結するのは初の試みであり，相互のサッカーならびにリーグの発展に必要な情報の交換を図り，関係国の競技力向上や，アジアサッカーのレベルアップにつながるための様々な取り組みを行うことを目的としている（表2-13）．

〈北海道コンサドーレ札幌〉

　北海道コンサドーレ札幌は2013年にベトナムのスター選手であるレ・コン・ビン選手を獲得した．また，同年にベトナムリーグの「ドンタムFC」とタイリーグの「コンケーンFC」の両クラブと提携を結んだ．

　北海道コンサドーレ札幌がアジア戦略に取り組む背景に，日本や地域のステークホルダーがアジア，特にASEAN諸国に注目しているということがあ

表2-13 ベトナムプロフェッショナルフットボール（VPF）との
パートナーシップ協定内容

1	プロフットボールの運営，マネジメントレベル向上に必要な情報の交換
2	プロフットボールリーグの運営，またクラブのマネジメントに必要な経験の共有，ならびにカンファレンスの開催
3	コーチ，審判，選手，メディカル，大会運営，マーケティング分野等における分析，研修・トレーニングプログラム等に関する経験の共有
4	ベトナムおよびJクラブ間でのフレンドリーマッチの開催
5	ユース年代における大会，フレンドリーマッチ，トレーニングの実施
6	両国選手が相手国リーグでプレーするための紹介および環境の整備
7	商業権利開拓にむけたサポート（相手国スポンサーの紹介）
8	ベトナムクラブ，Jクラブ間でのパートナーシップ促進
9	Jクラブによるベトナム国内での社会貢献活動の実施

（出所）Jリーグ公式サイト．

る．例えば政府はASEAN諸国との関係を構築したいと考えていたり，自治体は観光客の誘客や物産の販促を支援したい．企業は現地法人の設立や現地市場の調査，開拓を行いたい．道民や市民は文化交流や様々な経験や体感を期待している．

また，アジアにおける「サッカーの影響力」は非常に高いということもある．例えばアジアにおける各国民のサッカーに対する関心が非常に高いことや，サッカークラブのオーナーは現地財閥企業のオーナーであったりする．さらに，アジア諸国のクラブは短期間で成長した日本の選手育成システムに関心が高く，そのノウハウを欲しいと思っている．これらを踏まえ，コンサドーレ札幌がアジア諸国との橋渡しになれる可能性が大きいと考えた．

このような背景を踏まえ，2016年にはチーム名をコンサドーレ札幌から北海道コンサドーレ札幌に改名するなど様々なアジア戦略事業を積極的に進めている（表2-14）．

表2-14　北海道コンサドーレ札幌新中期計画

◇「人と人とをつなぎ，北海道とともに世界へ！STEP1」
◆計画期間
2015年～2017年の3年間
◆3つの基本方針
① 北海道プロジェクトの推進
・2016年シーズン チーム名を「北海道コンサドーレ札幌」に変更する．
・北海道内主要都市でのアカデミー世代の育成と拠点作りを行う．
・コンサドーレのスポーツコンテンツを利用した事業提案やアジア戦略を推進する．
・その他スポーツを取り込み北海道でのスポーツブランドとして確立する．
② クライアントの満足度を向上させると共に新規拡大を図る．
・顧客構造を拡大する事による効果を利用する．
・コンサドーレのスポーツコンテンツを有効的に活用する．
・情報収集/情報発信の強化を図る．
③ 経営体質の更なる強化
・自ら考え，自ら行動するクラブになる．
・徹底した業務の効率化を図りクラブライセンスを着実に取得する．
・経営基盤の確立を図る．
◆数的目標
広告収入7億円，入場者収入7億円確保し経営基盤の強化を目指す．
補足
■新しい時代へのコンサドーレへ向けて人々をつなぐ事でより一層コンサドーレに対する関心度を高める北海道全域に事業拡大する事により全道でのコンサドーレに対する認知を高め集客へつなげる事で事業の拡大を狙う．
■名称変更
2016年からチーム名を北海道コンサドーレ札幌に改名しホームタウンエリアを札幌市を中心とする北海道に変更する．北海道全体でより身近にコンサドーレを感じてもらう事でクライアント満足度を増やす事と新規企業開拓を行う．
■新規事業展開（仮名：北海道プロジェクト）
15年女子チームを創設，さらには北海道内主要都市においてアカデミーの育成を行う（旭川，帯広，北見，釧路，函館等）各地域でコンサドーレの持つノウハウを提供し北海道内でのスポーツ振興に寄与して行く．
コンサドーレのスポーツコンテンツを利用し2013年から進めているアジア戦略を利用しての施策や北海道企業のアジア進出の手助けや北海道ブランドの販売等行い，北海道とアジアを繋ぎ，サッカーの魅力を各国と共有する中で北海道企業とアジア諸国とのパイプ役となる．
上記活動拠点を各地に作る事で情報収集機能を強化し新しい発信拠点として活用

（出所）北海道コンサドーレ札幌公式サイト（http://www.consadole-sapporo.jp. 2017年9月20日閲覧）．

注

1) 『月刊事業構想』8月号, 2015年.
2) 外国人選手枠については2018年シーズンでは以下の通りとなっている.

Ｊリーグ規約・規定集より抜粋

2018明治安田生命Ｊ１・Ｊ２・Ｊ３リーグ戦試合実施要項

第14条〔外国籍選手〕

(1) 試合にエントリーすることができる外国籍選手は, 1チーム3名以内とする. ただし, アジアサッカー連盟（AFC）加盟国の国籍を有する選手については, 1名に限り追加でエントリーすることができる.

(2) 登録することができる外国籍選手は, 1チーム5名以内とする.

(3) Ｊリーグが別途「Ｊリーグ提携国」として定める国の国籍を有する選手は, 前2項との関係においては, 外国籍選手ではないものとみなす.

上記（3）における「リーグ提携国」一覧（2018年2月1日時点/提携順）

タイ, ベトナム, ミャンマー, カンボジア, シンガポール, インドネシア, マレーシア, カタール

※オーストラリアおよびスペインは選手登録の提携国枠には含まれません.

※イランは2017シリーズをもってパートナーシップ協定期間が満了したため, 2018シーズンより対象外となります.

（出所）Ｊリーグ公式サイト（2018年4月17日閲覧）.

参考文献

宇土正彦・八代勉・中村平編［1992］『体育経営管理学講義』大修館書店.

河井孝仁［2013］『第14回都市政策研究交流会発表資料』都市政策研究交流会.

河井孝仁［2016］『シティプロモーションでまちを変える』彩流社.

観光庁［2011］「スポーツツーリズム推進基本方針」.

観光庁［2017］「観光立国推進基本計画」.

黒田次郎・石塚大輔・萩原悟一編［2016］『スポーツビジネス概論2』叢文社.

公益財団法人日本都市センター［2014］『日本都市センターブックレットNo. 33 シティプロモーションによる地域づくり――「共感」を都市の力に――第14回都市政策研究交流会』

自然資本研究会［2015］『自然資本入門』NTT出版．

Schmitt, B. H.［1998］*Experiential Marketing : How to Get Customers to Sense, Feel, Think, Act, and Relate to Your Company and Brands*, The Free Press：New York（嶋村和恵・広瀬盛一訳『経験価値マーケティング──消費者が「何か」を感じるプラスαの魅力──』ダイヤモンド社，2000年）．

Throsby, D.［2001］*Economics and Culture*, Cambridge University Press（中谷武雄・後藤和子監訳『文化経済学入門──創造性の探究から都市再生まで──』日本経済新聞社，2003年）．

内閣府［2014］「まち・ひと・しごと創生長期ビジョン（長期ビジョン）」及び「総合戦略」．

日本スポーツツーリズム推進機構編［2015］『スポーツツーリズム・ハンドブック』学芸出版社．

林恒宏［2017］『サイクルツーリズムの経験価値に関する研究──飛騨古川里山サイクリング・しまなみ海道サイクリン・ビワイチサイクリングを事例に──』日本産業科学学会第23回全国大会資料．

原田宗彦［2016］『スポーツ都市戦略』学芸出版社．

原田宗彦編［2007］『スポーツ産業論』吉林書院．

原田宗彦編［2010］『スポーツ産業論　第4版』杏林書院．

原田宗彦・木村和彦［2009］『スポーツ・ヘルスツーリズム』大修館書店．

Hall, C. M.［1992］"Adventure, Sport and health tourism", in：Weiler, B. and Hall, C. M., eds, *Special Interest tourism*, Belhaven Press：London.

United Nation［2012］System of Environmental Economic Accounting 2012：Central Framework, New York：United Nations.

ウェブ資料

株式会社美ら地球公式サイト（https://www.chura-boshi.com/，2017年9月10日閲覧）．

環境省『平成26年度版 図で見る環境・循環型社会・生物多様性白書』（https://www.env.go.jp/policy/hakusyo/zu/h26/html/hj14010304.html，2018年2月7日閲覧）．

スポーツ庁［2017］「スポーツ基本計画」（http://www.mext.go.jp/sports/b_menu/sports/mcatetop01/list/1372413.htm，2018年2月7日閲覧）．

スポーツ・ツーリズム推進連絡会議［2011］「スポーツツーリズム推進基本方針～スポーツで旅を楽しむ国・ニッポン～」(http://www. mlit. go. jp/common/000160526. pdf, 2018年2月3日閲覧).

スポーツ未来開拓会議中間報告［2016］(http://www. mext. go. jp/sports/b_menu/shingi/003_index/toushin/1372342. htm, 2017年4月10日閲覧）

由利本荘市公式サイト（https://www. city. yurihonjo. lg. jp/, 2017年9月5日閲覧）

ウェブサイト

アソビュー公式サイト（https://www. asoview. com/）2017年8月20日閲覧.

観光庁（http://www. mlit. go. jp/kankocho/）2017年8月15日閲覧.

Ｊリーグ公式サイト（https://www. jleague. jp/）2017年9月20日閲覧.

総務省（http://www. soumu. go. jp/）2017年8月10日閲覧.

3 *sports marketing*
スポーツマーケティング進化論

はじめに

　著者が30年以上の月日をスポーツのビジネスの現場で過ごした会社は ① IMG, ② アディダス, ③ ナイキ, ④ JSM, その後独立し, 現在の自分の会社, ⑤ OSS, この5つの会社になる. この企業群を大きく大別すると, ブランドサイドの仕事とエージェントサイドの仕事に分かれる.

　1つはブランドが掲げる製品を販売促進するビジネス, もう1つはそういう企業のマーケティングに活用するあらゆるスポーツコンテンツ（既存, 新規創造）を提供販売する仕事に大別される.

　この両方のビジネスに関われたお陰で, 世の中で言う「スポーツマーケティング」という言葉の進化を肌で感じ, その仕事の内容に2つのサイドと2つの階層があるという事に気づく機会を得た.

　まさにグローバル化によるダイナミズムとスポーツビジネスの醍醐味をしっかりと感じてもらえるように表現したスポーツマーケティングの進化についてこれから述べていく.

　スポーツマーケティングとは, まさにこの言葉通り, スポーツをマーケティングすることである. 日本の社会ではスポーツマーケティングというジャンルの確立と今後のより一層の進化を期待されている時期だと著者は確信している.

▼ 1. 日本と海外におけるスポーツビジネスの格差

　アメリカの4大スポーツ（NFL, MLB, NBA, NHL）の年間売上高は2兆9700億円，日本のプロ野球とJリーグを合わせたプロリーグの年間売上高は，2760億円（1559/1201），NYヤンキースの年間売上高は520億円，読売ジャイアンツの年間売上高は253億円，レアルマドリードの年間売上高は746億円，浦和レッズの年間売上高は58億円，ナイキ年間売上高は3兆4318億円，ミズノの年間売上高は1960億円，全米大学体育協会（NCAA）の年間売上高は970億円（2015年）である．

　高野連は夏の甲子園高校野球の放映権料をNHKおよび朝日放送に無償で提供している．トヨタ自動車はIOCに2016年～2026年の10年契約で1000億円の権利料を支払っている．富士通以下日本の企業も東京2020年の権利料を年間25億円，2020年まで4年間支払っている．

　日本と世界ではスポーツビジネスの規模が違う．国の動きに乗じる戦略とヒトのリソースが合致する組織は今後著しく成長する．日本のスポーツビジネス業態は間違いなく大きな成長ビジネスの1つになる可能性を秘めている．それを動かす知識と知見がスポーツマーケティングなのである［東洋経済新報社編 2017］．

▼ 2. スポーツマーケティングにおける2つのサイド

　スポーツマーケティングには，2つのビジネスサイドがある．1つはFIFAやIOCそしてIMGのように権利を所持もしくは創造し，それをマネタイズしている団体およびエージェント企業サイドと，もう1つはそれらの権利を取得し，それを活用して自社のブランド価値の向上と事業数値の向上に活用しているブランド企業のサイドだ．コカコーラやマスターカードやエミレーツ航空，アディダス，ナイキなどはこちらの企業になる．これらの企業群の中でスポー

ツブランドはもっともその先端を行く「スポーツマーケティング」を展開している．なぜなら彼らにとってスポーツそのものが市場であり，それぞれの関わるスポーツの盛衰が自社の事業の促進と正比例するからである．日本で言えば，著者が1999年にアディダスの担当者として日本サッカー協会と締結した8年間の長期契約（アディダスジャパンはそれの延長契約を今も保持している）に基づき，代表ジャージ等のサッカービジネスを展開している状況にある．日本サッカー協会とのビジネスにおいて，サッカーの日本代表がワールドカップに行くかどうかはアディダスジャパンの事業に大きな影響を及ぼすのである．

スポーツブランドのトップブランドであるナイキは世界中で3兆5000億円（2016年）の売上高があるが，この売上高には街で着るTシャツや裏通りで3on3をする子供たちのバスケットボールシューズも含まれている．つまり，そのマーケティングの中身は競技レベルとライフスタイルレベルのマーケティングの両軸があり，それぞれのマーケティングの素晴らしい融合により成り立っている．ナイキもタグホイヤーもプラダもレッドブルも所詮は同じ類に属するマーケティングを展開している．著者はそれを総称して「スポーツマーケティング」と呼んでいる．

権利を創造し，その創造された権利を販売する組織・企業群がある．この範疇に入るのが，IOCであり，FIFAであり，FCバルセロナであり，MLBであり，Jリーグである．そして，それらの団体から権利を奪取もしくは委託されたIMG，電通などの大手エージェントになる．

彼らは，TV放映権，スポンサーシップ権，商品化権，興行収入権などの権利を持っており，それらの権利を，契約上委託されている．それを自社の事業数値，およびブランド価値の向上のために活用したい企業に販売して大きな利益を得ているのである．

スポーツの持つ大きなチカラで，自社の事業数値およびブランド価値の向上のために活用したい企業が，その権利を持っている組織もしくはそれを委託されたエージェントから，最終的にそれらの権利の一部もしくは全部を購入し，

それを事業目的の達成のために，自社のマーケティング活動の中に組み入れて事業を展開する．

これこそが著者が言う，スポーツマーケティングの ① 権利を創造し販売するサイド，② その権利を取得し活用するサイド，2つのサイドになる．

3. 権利活用のグローバルスタンダード

世界ではIOCやFIFAのように非常に卓越したスポーツマーケティングを展開している人たちがいる．そこではアジアの小国，日本のビジネスマンなどは，まだまだビギナー扱いである．

IOCのワールドワイドパートナーに日本の企業が現在3企業入っている．トヨタ，パナソニック，ブリヂストンだ．ちなみにトヨタは2016年から10年契約で1000億円をIOCに支払っている．1年間で100億円という単純計算ができる．

2020年に開催される東京オリンピックのTier-1，Tier-2スポンサーの権利もIOCから委嘱された東京の組織委員会が販売している（2018年現在50社を超える企業に販売済）．正確には組織委員会から，委託された電通を通じて4年契約で100億円，1年間25億円のパッケージを各スポンサー企業は購入している（企業カテゴリーによって金額の前後はある）．ちなみに，これは1998年の長野冬季オリンピック時の5倍の金額である．どちらにしても多額の金額である事には変わりはない．まさにその内容はホルスト・ダスラーたちが考えた内容と現在も基本的にはほとんど変わっていない．ホルスト・ダスラーについては後述する．

IOCの営業活動をニュアンスで表現してみる．例えばマスターカードの担当者が，「金額が尋常では無い高額なので次回の大会の協賛金を安くしてくれませんか？」と言うとする．IOCの返事はこうだ．「嫌なら断ってください．VISAカードもAMEXカードも，空席を待っていますので」．誰もほかに販売する事が出来ない権利を持っていると，このような営業活動が可能になる．

こういう事がわからない日本企業などがこの手の連中を相手にする際のたと

え話をする．ナイキに16年勤務し，その後IOCのマーケティング部のバイスプレジデントになったPeter Bratchiとこの話で良く盛り上がっていた．

　日本企業の担当者が凄い権利をIOCから手に入れたケースのたとえ話だと思ってほしい．国際的なクラブがスイスのローザンヌあたりにあるとしよう．ようやく会員になれた事情を良く知らない日本人グループがそこに行く事を想像してほしい．クラブに入り，席に座る．隣のコカコーラの席とか，VISAカードの席では高価なシャンパンやキャビアなどの料理が山盛り用意されていて，楽しそうにしている．日本の企業の席には，受付のスタッフに案内はされたが，そのテーブルには何も運ばれない．あまりに待たせるので，クラブの担当者に，「いつになったら，料理が出てくるんだ？」と尋ねると，「あれらは別料金です」と言われるというたとえ話である．

　つまり，IOCの提供する権利を入手しても，何も起こらないというグローバルスタンダードの話だ．購入した権利は，クラブへのメンバーシップフィーであるという厳しい現実の話である．コカコーラもアディダスもVISAカードもこの仕組みを長年のIOCとの付き合いでよく理解している．ゆえに，いまさらそんな文句をIOCやFIFAやIMGには言わない．彼らは権利を購入する資金にプラスアルファのマーケティング予算を大会が行われる4年ごとに準備し，その資金を加算した予算を元手に，投資効果を出すマーケティングプランをすでに未然に計画しているのだ．4年間の投資をリクープする事業計画を緻密な年度ごとのマーケティングプランに予め落とし込んでいる．

　彼らのように事前にマーケティングプランを検証して，投資効果があると判断されたときに，その権利を取るに値するかどうかという判断がそれぞれの企業の取締役会でなされるべきだと私は考える．東京オリンピックのローカルスポンサーとして手を挙げた50社を超える日本企業がこの手の検証をされてスポンサーになったかどうかは甚だ疑問である．

　このような説明を，間に入った電通がきちんとしているのだろうか？　アディダスやナイキクラスの企業が10億円を超えるような投資をスポーツのコン

テンツに対して行う場合は相当な協議が社内で行われている．FIFAワールドカップしかり，IOCのオリンピック・パラリンピック競技大会しかり，サッカーブラジル代表しかり，タイガー・ウッズしかり，FCバルセロナしかり，マンチェスターユナイテッドしかり，レブロン・ジェームスしかりである．

ちなみに，著者が担当した10億円を超えるアディダスジャパンと日本サッカー協会の契約書を締結するのに要した期間は，基本合意をしたのちに，基本契約書作成に着手してから1年間，ページ数にして72ページに及んだ．

投資に見合う権利を，その権利者から奪取するのはそれくらいの期間と項目に及ぶわけである．権利を手に入れるよりも，大事な事はその権利を最大限活用し，事業数値を向上させ，自社のブランド価値を向上させることである．つまり権利を手に入れる資金とそれをマーケティング上でどのように活用するかのための資金，それがあって初めて，そのコンテンツを取得するべきなのである．

その基本的な事業戦略があるがゆえに，権利の獲得の交渉の際に，自分たちにとって必要な権利とそうでない権利が明確になるというわけである．高級クラブの会員になるだけで素晴らしい接待を期待してはいけないのである．別料金のサービスの資金を止めどもなく活用することによって自身も楽しい毎日を過ごせ，クラブにおけるプレゼンスが上がるという話である．

著者はアディダス在籍時にフランス人の社長にアディダスの看板が2枚出ているFIFAワールドカップの試合会場でその看板を指さして，社長に言われた．「あの看板を会場やテレビで見た日本人の中学生が明日，KAMOショップでアディダスのシューズ買いに行くとお前は本気で思うか？　あんなもんは落書きだ．人がものを買うという事はもっとエモーショナルな事で，彼らをあらゆる手法でもっとInspireしないといけない．それがお前の仕事だ」と．

大会に付いてくるオマケだけで満足していては，それはマーケティングをしているとは言えない．

手に入れた権利をいかに最大活用するか？　を本気で考え抜くことが大事である．つまり，それこそが著者の言うところの「スポーツマーケティング」な

のである．

▼4. スポーツマーケティングにおける2つの階層

　ここでスポーツの権利を活用してマーケティング活動をする企業の階層について考える事にする．著者が考える，世の人々が「スポーツマーケティング」と言っている第1の階層は「スポーツの各種コンテンツを活用したスポーツとの連携による一般企業のマーケティング活動」である．例えば，カップラーメンをもっと売るためにスポーツのエッセンスを活用して広告・宣伝活動できんかね？　と考えた宣伝担当の役員が広告代理店の人間を呼びつけて考えつくスポーツを活用したマーケティング活動のことである．もちろん，今の時代はもう少しデジタル系のソリューションも考えて，その活動は少し複雑化しているとは言え，少し前までの会話はこのようなものだろう．「タレントは旬のテニスプレーヤーを使ってF1狙いでね．ざっと3000GRPで宜しく！！」のようなニュアンスだとする．テレビを中心としたメディアに映えるスポーツのコンテンツを行っておけばそれで何とかなると考えるわけだ．著者から言わせると「ゆるい」の一言である．

　なぜなら，彼らはそれがダメなら「音楽」でも，「文化」でも，「テーマパーク」でも，「映画」でも，「ドラマ」でも，「お笑い」でも，どのようなものでも良いと基本考えている．スポーツのコンテンツに対するコミットメントとその選択するスポーツに対する深い造旨がない．ゆえに，ＴＶのコマーシャルの枠を販売したい，大手の広告代理店の策略に陥るわけである．

　では，ここで再度スポーツマーケティングの世界で活用可能なスポーツのコンテンツについておさらいしよう．スポーツの世界のコンテンツと言えば

　① ＴＶ放映権
　② スポンサーシップ権

③ 興行収入権

④ 商品化権

この4つの権利に大別される．ここにあえて付けくわえれば5個目の権利として

⑤ 選手の肖像権

と言うものが存在する．

　これらのビジネスを創造し，世界中にその販路を広げてきたのが前出のIMG（International Management Group）というような会社がある．IMGは，1960年に米国クリーブランドの弁護士マーク・マコーマックと，彼と同年代だったプロゴルファーのアーノルド・パーマーの合意で設立された．パーマーのほか，ゲーリー・プレーヤー，ジャック・ニクラウスも所属．彼らのテレビ，CM出演などのマネジメントを行いながら，多くのメディア企業や金融会社を吸収し，スポーツ業界におけるライセンス・ビジネスを拡大した．スポーツ関連事業では，ヴィーナス・ウィリアムス，ノバク・ジョコビッチ，錦織圭などのテニス選手，卓球の石川佳純，浅田真央をはじめとするフィギアスケート選手がクライアント（マネジメント契約）として名を連ねる．かつては，韓国のキム・ヨナもIMGコリアのクライアントであった．

　ファッション関連事業では，IMGはワールドワイドにファッションイベントにかかわっている．2016年3月30日〜4月5日，Mercedes-Benz Fashion Week TOKYO が開催されるが，IMGはこれまでも同イベントをサポートしてきた．

　メディア関連事業では，ニューヨーク，ロンドン，香港，シドニー，ニューデリーの自社最新設備を駆使し，年間240種類以上のスポーツ/エンターテインメント番組を企画・制作・配給している．

　また，面白いところでは「ミス・ユニバース大会」「ミスUSA大会」「ミス・ティーンUSA大会」を運営するミス・ユニバース機構もWME-IMGの一事業である．この内，「ミス・ユニバース大会」を運営するミス・ユニバース機構に

ついては，2017年現在，米国大統領であるドナルド・トランプから買収したものである．IMGはすでに60年近くこの世界で君臨している．

もちろん過去，競合会社と目されたアドバンテージ，プロサーブ，SFX，オクタゴンなどなど存在はしたが，その後の事業展開がままならず，現在はIMGの一人勝ちのような様相を見せている．背景にあるのはやはりビジネスを率いたマーク・マコーマックの辣腕ぶりと世界中にいち早くオフィスネットワークを築いたこと，テニス・ゴルフ界で盤石のポジショニングを早い段階で築き上げたことにある．

2003年には創設者のマコーマックが他界するが，1社，2社と立て続けに強力な財政的な支援が入り，現在も世界において盤石なビジネスを展開している．事実，2016年3月には日本企業であるソフトバンクも280億円の投資をIMGと言う企業にしている．しかしながら，このIMGの独占がある意味，この世界における権利の革新，発展にブレーキがかかっているような気もする．

世界中に存在する，国際大会，トップクラスのアスリート．これらに関連する大きな可能性を持つ権利（TV放映権，スピンサーシップ権，商品化権，興行収入権）は一般の企業の人が思いつく前に，彼らのようなプロ中のプロの人間がかすめ取っている．IOCやFIFAなど，一部の人間がその特権を持ち，それらを多額の金額で売買されているわけだ．

また，IMGはアメリカのフロリダにIMGアカデミーなるものを構え，Jrのアスリートの育成に余念がない．将来の金の卵を自分たちで育てているわけである．そのプロフェッショナルなスポーツの世界では，さすがに日本人の影は薄いとしか言いようがない．

著者はネスレという食品メーカーに始まり，アディダス，ナイキとブランドサイドに立つ仕事をマーケティングという立場で長らく携わってきた．ここからの出自の人間として感じたことは，彼らエージェントサイドの人間はスポーツを一種のマネーゲームと考えていることである．タイガー・ウッズが1円でも高く売れれば良いわけである．アサヒビールが買わなかったらキリンビール

第 3 章 スポーツマーケティング進化論 69

やサントリービールでも良いと平気で考えているわけである.

ゆえに，企業のマーケティングサイドに立つ人間がもっとスポーツビジネスおよびスポーツマーケティングの奥行きを学び，自社の製品やブランドのためにどのようにスポーツのコンテンツを活用すべきか考えられるプロフェショナルにならねばならないと考えるのである.

第1の階層が「スポーツの各種コンテンツを活用したスポーツとの連携による一般企業のマーケティング活動」であるとしたら，第2の階層は「スポーツの各種コンテンツを活用したスポーツとの連携によるスポーツブランドのマーケティング活動」になる.

まずは図3-1をご覧いただきたい．左側が権利を供給する側の2つのサイド，右側は権利を奪取し活用する側の2つの階層になる.

右側のナイキ，アディダス，コカコーラの部分が下方に伸びているのは，ナイキやアディダスは時としてIMGを介さずに選手の肖像権，代表の権利，大会の権利を直接権利保持者から奪取することがあるからである.

以下に示すのは世界の総合スポーツブランドと呼ばれる企業の2015年度の売

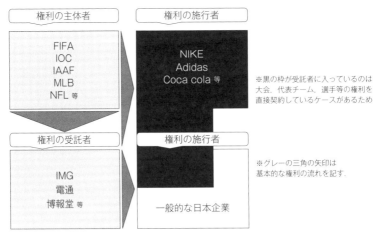

図3-1　スポーツマーケティングの世界の相関図

（出所）筆者作成.

り上げと純利益の数値である．

　　1位：ナイキ　売上3兆4318億円，純利益3985億円
　　2位：アディダス　売上2兆298億円　純利益760億円
　　3位：アシックス　売上4284億円　純利益274億円
　　3位：アンダーアーマー　売上4201億円　純利益246億円
　　4位：プーマ　売上4064億円　純利益44億円
　　5位：ミズノ　売上1960億円　純利益29億円
　　6位：デサント　売上　1357億円　純利益103億円
　（出所）東洋経済新報社編［2017］．

　ちなみにナイキをトヨタとしたら，ミズノはダイハツといった規模の売上比率となる．

　日本の一般企業および日本のスポーツブランドと世界のトップ2のナイキ，アディダスのスポーツマーケティングのレベルの差は残念ながら凄まじい差がついている．マラソンで言えばようやく30km地点を通過したころに彼らはゴールしているぐらいになるだろう．背中が見えないどころの差では無い．

　特にナイキの成長は著しく，ここ数年で2位のアディダスとの差を一気に引き離した．

　ここにあるのは，アディダスよりも若い層をターゲットにしているナイキがいち早く，オーセンティックとライフスタイルのマーケティングを融合させたブランドマーケティングをスポーツとエンターテイメントのコンテンツを融合させた市場で表現するマーケティングを先行させたのが，その理由だと考える．そこで得た知見を元々のフィールドであるスポーツのビジネスで流用している．

　アディダスは3本線，adidas，トリフォイルと製品をデザインする要素が多く，視覚的に容易に他社と選別するモノづくりが可能だ．ゆえに誰が見てもアディダスという製品を簡単に市場に出せる．

　かたやナイキはスウッシュとNIKEというロゴだけだ．製品を開発する段階

でおしゃれにしようと思えば，思うほど，ロゴの露出を小さくするしか手法が無く，ブランドとしてのコミュニケーションをプロダクトオンリーではなく，幅広くマーケティング活動の連動（marketing Integration）を図らねばならない宿命があったのだと考える．ゆえにナイキは他のスポーツブランドに比べて，比較にならぬほど先を行くスポーツを活用するマーケティング，「スポーツマーケティング」を展開してきたのだ．

著者自身は，この後述べる，ナイキが行っているマーケティングこそが，究極のスポーツマーケティングの世界であると信じている．このレベルでスポーツをマーケティングできる人間を日本でも1人でも多く育てて行きたい．

スポーツのコンテンツを活用したマーケティングを展開する企業として，ナイキとアディダスほど，その活用に長け，スポーツマーケティングのグローバル化に順応した会社は存在しない．その中でもナイキの躍進は目を見張るものがあるわけである．

5. スポーツマーケティングの究極の姿

ここはあるスポーツブランドの瀟洒な本社ビルの1室だとしよう．ある会議に5名のマーケティング担当者が招集されている．4年後に迫る，オリンピック夏季大会のマーケティング戦略についてディスカッションが始まる．ファシリテーターが会議をドライブしていく．今日は基本戦略の骨子が見えればよい，ブレストの会議だ．頭の中を解放させて自由に発想する場である．

「さあ,4年後のオリンピックのシーズンのカラーはどうする」「何かイメージある？」
「う〜〜ん．ゴールド」「ブルー」「いやいや東京だから，赤と白でしょう」
「OK．じゃあ Brand Initiative（そのシーズンのマーケティング活動を一言で言い表す言葉）は？」

「Ignite？」「Flow？」違うな．

「Speed!!!」「いいね．」

ボルトも引退して世界は次のヒーローを待っているからね．

カラーは「赤と白」

イニシアティブは「スピード」

「OK それでは Tag line（キャッチコピー）は？」

う〜〜〜ん　スピード，赤と白，東京，2020，早く走る，競技場のトラック

う〜〜〜ん　人が自分が思っているより速く走れる状況とか．

「You are faster than you think !!」

「いいね．シューズ売れそうなコピーだね．」

それじゃ，アセットとクリエイティブの素案に移ります．

キイアセットは女性の短距離ランナーがいいね．

　というようなブレストが繰り返され出来上がる企画はこうだ．

「いかにもお化けがでそうなアメリカの郊外の街にあるあばら家に，ある夜，肝試しで小さな男の子と女の子が2人でこっそりボロボロの家に入って行く．

　案の定，近所でも有名なお化けが出てくる．2人は髪の毛が逆立つぐらい驚いて，その家から逃げ出て，表通りを駆け出し，一目散で逃げて行く．逃げて行く．すると逃げている女の子がすこしずつ，少しずつ大きくなっていく．そして最終的には東京の新国立競技場のトラック（100m決勝）を駆け抜けていく選手の姿になる．1位でゴール．ゴールドメダルだ．履いているシューズはもちろん赤と白の格好が良いスパイク．そしてアパレルも赤と白の最高に「speed」を感じさせる製品を身に着けてゴールを駆け抜けて行く」．

　画面には「You are faster than you think」「speed」そしてナイキなら「スウッシュ」で終わり．東京の渋谷や原宿ではOOH（Out Of Home）メディアもこの日は全て，同じ表現．すべてのメディア（テレビ，マガジン，デジタル）そして原宿の直営店を含め，すべての店頭では赤と白を基調にしたライフスタイル系の

「Speed」プロダクトで満載という感じだ．

その翌朝のモーニングショーでは全てのコメンテーターの手元に選手がスパイクが届いており，このメダルを取った選手が日本滞在中に原宿の店に来れば言うことなし（IOCのルールに抵触しない範囲で）．

ここまでのアイデアを大きな国際大会が開催される4年も，5年も前に考えていることが大事なポイントだ．4年後，5年後の市場を創造するのだ．DemandをcreationするわけであるS．

そのために必要なアセット（国際大会のスポンサーシップ，その大会で注目される代表チーム，選手）を獲得することを前提に売り上げの予測とマーケティング予算の獲得を社内的に行うわけである．IMGが売りたい選手と契約するのでは無い，電通が売りたいパッケージを購入するのではない．その権利に基づくオリンピックロゴを使用したCMを作成する事だけが目的ではない．そのCMを流すための高価な番組枠を購入するためではないのだ．

スポーツをマーケティングするために，そこにスポーツは存在するのだ．

これが著者が目指す，究極の「スポーツマーケティング」の世界になる．

▼ 6. マーケティングの変遷

マーケティングの先人たちが創造してきたマーケティングの世界が，リードジェネレーションの変化と活用できるツールの変革とともに凄まじい進化をしてきた．

その進化をコンピュータの世界の進化になぞらえてこのように表現されている［コトラー，カルタジャヤ，セティアワン 2010：18］．

〈マーケティング 1.0〉　モノ（製品や商品）を中心のマスマーケティング

規格化された大量生産可能な製品・商品を多くの人に向けた販売する手法．大企業を中心に誰もが欲しいと思う商品を大量生産し，マスメディア（TV・ラ

ジオ・新聞・雑誌) と交通広告などを用いて大量の広告投入を行い，知名度と認知度をあげ，購入に結びつける．

〈マーケティング 2.0〉 生活者（顧客）志向のマーケティング

　働き方の多様化，インターネットによる双方向型のコミュニケーションの普及によって生活者（顧客）が選択と消費の主役になり，商品も多品種少量生産で，生活者の欲求やニーズに応える商品や販売方法等が必須となり，市場を細分化（セグメンテーション）し優位性を発揮できる市場で自社商品をアピールする動きが加速．またSNSによる個人情報の発信，ネットによる効果測定が可能になり，一方的に商品を叫ぶ旧来の方法から生活者から評価と信頼を得るための手法にシフトしていく．

〈マーケティング 3.0〉 価値主導のマーケティング

　企業は「生活者（顧客）にとっての価値」を前提に商品やサービスを提供していく．インターネットとネットワークコンピューティングの普及で個人の情報で価値あるものは拡散していく時代で，企業は単に収益を上げるだけでは評価を受けなくなり，企業は生活者と協働して価値を創造する活動を求められる．

　まさに市場を創造する事がマーケティングの命題であるとしたら，今後はさらに下記のように進化を継続するのではないかと考える．著者がナイキにいた時代にターゲットの消費者が中学生，高校生の部活生であったこともあり，他ブランドに先駆けて，マーケティングチームの中にデジタルマーケティングのチームが存在し，携帯電話（今はスマートフォン）を通じたコミュニケーションを積極的に行っていた．その活動も含めて，他のセクションである広告，ＰＲ，プロダクト，ブランド，イベント，リテール，スポーツ，そしてエナジーのマーケティングセクションとの連動をいかに図るかが大きな目的となっていた．これをナイキではMarketing Integrationと言っていた．つまり，デジタルもマーケティングの1つのチームで周りのマーケティングスタッフと連動を図るとい

う位置づけだったわけだ．

　著者はそれが，今後の企業のマーケティング活動においては，さらに進化し，デジタルにまつわるあらゆる社内情報がマーケティングのみならず，営業部門，生産部門，管理部門，そしてマーケティング部門の4つの部門の中心に位置づけされて，企業の行うあらゆる事業活動が効率的に連動されて行われることに対する大きなタスクを持つのがデジタルチームであると考えている．デジタルリソースの社内横断活用に伴う，営業，物流，管理部門そして，マーケティングとの連動．これこそが未来のマーケティング〈マーケティング 4.0〉の姿なのかなとイメージしている．

　みなさんはどうお考えになられるだろうか？

7. スポーツマーケティングの発祥と歴史

　実はスポーツマーケティングと言う言葉が人々の耳に良く届くようになったのは，マーケティングそのものの歴史の中ではつい最近のことである．マーケティング活動の大きなエンジンであるメディアの変遷の歴史をさかのぼると，新聞，雑誌，屋外広告，チラシ，そしていよいよラジオという広範囲をカバーする媒体が出現し，その後，テレビというプラットフォームが普及する．

　そのテレビとスポーツが結びつき，さらにそれが衛星放送により，世界中のどこにいても視聴できるようになった1980年代にスポーツマーケティングの歴史が始まる．

　もちろん日本ではそのような事を多くの人が知らない時代に，すでに世界ではこの動きに加速がついていた．マーケティングがスポーツというコンテンツに紐づいた時に，そこに非常にユニークかつダイナミックなビジネス活動が行われるようになり，その活動全般のことを「スポーツマーケティング」と人々は呼ぶようになる．

　それまでの世界に存在しなかったスポーツマーケティングという言葉は今か

らご紹介する3人の男性が主に形にしたのだ．その3人とはアディダスのホルスト・ダスラー，IMGのマーク・H.マコーマック，そしてナイキのフィル・H.ナイトだ．スポーツマーケティングの世界でその歴史を語る時に忘れてはならない人物である．

ホルスト・ダスラー（adidas）の偉業（1936-1987）[1]

ホルスト・ダスラーはアディダスの創始者，アドルフ・ダスラーの息子だ．2代目の彼が，いちスポーツブランドでしかなかったアディダスを世界の著名な国際大会と結び付け，現在，私たちが理解しているスポーツマーケティングの世界の基礎を構築した．

1982年，ダスラーは電通と共同でスイスにISL（International Sports and Leisure）を設立．ISLは，FIFAワールドカップ，UEFAヨーロッパ選手権，UEFAヨーロッパ・クラブ選手権などの権利を抱きあわせで販売する「INTERSOCCER 4」の権利保持者となっていた．この手法を快く思わないUEFA（ヨーロッパサッカー連盟）の第3代会長，アルテミオ・フランキとダスラーは激しく対立していた．

ダスラーは，IOC（国際オリンピック委員会）のアントニオ・サマランチ会長，FIFAのアベランジェ会長，IAAF（国際アマチュア陸上連盟）のプリモ・ネビオロ会長と緊密な関係を構築．「IOC」，「FIFA」，「IAAF」，「UEFA」の4大スポーツ団体にかかわる権利を得て，ISLのビジネスの地歩を着々と拡大させつつあった．その4つの軸の1つ，UEFAの会長が，あからさまに自分と対立すれば，ビジネスが不安定になることを懸念していた．

こうした状況の下，フランキ会長が自宅付近のシエナで，しかも通い慣れた道路で，正面衝突事故を起こして死去した．フランキの最期はイタリア当局によって「純粋なる事故死」として処理された．

ダスラーと電通の利害が一致してできたISL

1982年スペイン大会のマーケティング権セールスを博報堂に独占され，

FIFAワールドカップ・ビジネスで完全に「蚊帳の外」となっていた電通は，虎視眈々と逆転の可能性を探っていた．

電通は，これ以前の1979年にFIFAワールドユース選手権を日本に招致し，初回だったこの大会を成功に導いた．アルゼンチンが優勝する原動力となった当時18歳のディエゴ・マラドーナが世界のサッカー関係者の注目を集めた大会である．当時FIFAに入ったばかりで，ワールドユース選手権を担当していたジョセフ・ブラッター開発部長（現会長）を通じて，電通はFIFAとの関係を深めた．それだけに，"本体"であるFIFAワールドカップ事業を博報堂にさらわれ，切歯扼腕の思いだったに違いない．

博報堂は，セールスエージェントであるウエスト・ナリー社の日本代表，ジャック・坂崎とタッグを組み，日本企業3社とスポンサー契約を結び，スペイン大会に向けて強固な体制を築き始めていた．ウエスト・ナリー社が転ぶか，博報堂が致命的な失敗でもしない限り，逆転の可能性は少ないように思えた．ところが，意外な糸口から，電通はFIFAワールドカップの権利を奪還できることになった．

スペイン大会を半年後にひかえた1981年10月．ドイツの一大スパ・リゾート，バーデン・バーデンで第11回オリンピック総会が開催された．この総会で，1988年夏季オリンピック大会の開催都市がIOC委員の投票によって決定した．下馬評では圧倒的優勢が伝えられていた名古屋を，韓国・ソウルが大差で破って招致に成功した．電通は，招致業務を通じて名古屋を支援していた．

このとき，総会に出席したIOC委員全員が宿泊するバーデン・バーデンの名門ホテル，ブレナーズ・パークで，アディダスの総領ホルスト・ダスラーが，IOC委員に対して強力なロビイングを行い，ソウルを勝利に導いたという[Jennings 1996]．

名古屋招致で一敗地にまみれた電通は，招致においてIOC委員の投票行動を把握する重要性と，スポーツ界におけるダスラーの隠然たる力を知る．また，

ダスラーがFIFA，UEFAなどのマーケティング権を保有し，そのセールスエージェント，ウエスト・ナリー社をコントロールしていることもつかんだ．

名古屋五輪招致に敗れた電通ではあったが，1984年に開催されるロサンゼルスオリンピックの組織委員会とは包括的な提携関係を既に構築してあった．具体的には，同大会の日本企業向けスポンサーシップ・セールス独占エージェントの指名を受け（同大会の公式スポンサーシップを日本企業に対して独占的に販売する権利），日本国内でのマーチャンダイジング・ライセンシング権（大会マスコット製品，大会ロゴを付着したライセンス製品の販売を管理し，一定の権利料を得る権利），日本での大会観戦チケット独占販売権を獲得していた．ロサンゼルス五輪大会組織委員長，ピーター・ユベロスと，電通の服部庸一開発事業局長は，一連の取引を通じて，刎頸の友とでもいうべき近しい関係となる．

博報堂が持っていたFIFAワールドカップのマーケティング権セールスの奪取を目指す電通は，ユベロスを通じて，ホルスト・ダスラーとの接近を図る．

偶然にもダスラー側は，ウエスト・ナリー社の共同経営者，パトリック・ナリーの不透明な金銭支出に疑義を抱き，ナリーとの関係清算を考えていた．同時に，次のワールドカップ，1986年メキシコ大会のマーケティング権取得のために，資金の手当てをする必要があった．FIFAへの多額の権利料支払いを目前に控え，アディダスが拠出する資金だけでは賄えないダスラーは，新たな投資パートナーを求めていた．

スペイン大会を数カ月後に控えた1982年初頭，服部局長を代表とする電通とダスラーは，パリで初めての会合を持つ．新たな投資パートナーと，アジアでのセールスエージェントを求めていたダスラー側と，博報堂からの権利奪還とワールドカップ・ビジネスへの進出を希求していた電通の利害は見事に一致する．

交渉は驚くべきペースで進んだ．ダスラーは，権利管理会社SMPIがウエスト・ナリー社と結んでいたFIFAとUEFAに関するマーケティング権セールスエージェント契約を破棄．ほぼ同時に，SMPIが保持していた全権利を，スイスに

設立する電通との合弁スポーツマーケティング会社に移管した．これが，ISLである．

電通はISLに2500万スイスフランを出資して同社の株式の49%を取得．ISLに出資する見返りとして，日本企業への独占セールス権を得た．しかし，取締役5人のうち，過半数に満たない2人を選任する権利しか持てなかった．つまり，経営の主導は51%の株式を持つダスラー側が握った．

後年判明した事実だが，1986年のFIFAワールドカップ・メキシコ大会のマーケティング権を取得するため，ダスラーがFIFAに支払った権利料は，電通の出資額と同じ2500万スイスフラン．つまりダスラーは「FIFAへの権利料支払いを電通に肩代わりしてもらった上に，合弁会社の51%の支配権も掌握した」（ジャック・坂崎）のである．

このISLは，1980〜90年代を通じて，スポーツマーケティング業界の一大勢力となっていく．

ISLの黄金時代そして破綻

粗利率92%の高収益ビジネスを育てる．

ホルスト・ダスラーが，スイス・ルツェルン湖のほとりに設立したISL（International Sports and Leisure）は，1980年代から90年代を通じて，スポーツマーケティング業界の一大勢力として，隆盛を極めた．

ダスラーは，既に手中にしていた「INTERSOCCER 4」の権利に加えて，1984年にはIOC（国際オリンピック委員会）からオリンピックのワールドワイド・マーケティング権を，IAAF（国際陸上競技連盟）からは世界陸上のマーケティング権を相次いで獲得した．これで欧州を中心に，国際スポーツの主要権利をほぼすべて手中に収めたことになる．

ISLを設立したダスラーがFIFAに支払った1986年メキシコ大会のマーケティング権利料は，2500万スイスフラン（約30億円，当時の為替レートは1フラン＝120円）であった．このときの売上高は約3億フラン（約360億円，同）．売り上げ

が原価の12倍と言う，超高収益ビジネスに育った．

　1社当たり約2500万スイスフランのマーケティング・パッケージ（看板，マーク使用権，呼称権などを含む権利）を，12枠販売できたからだ．公式スポンサー12社（ブランドを含む）の顔ぶれは，コカ・コーラ，ジレット，キャメル，メタクサ，カンパリ，富士フイルム，キヤノン，日本ビクター，セイコー，イヴェコ（大型輸送機器製造），フィリップス，エレッセ．粗利益率は，単純に計算するとなんと92％であった．

　もちろんピッチ看板の制作費，販売費用，人件費，大会現場への出張費などは発生した．しかし，2億7500万スイスフラン（330億円，同）の粗利益から見れば，ごくわずかなコストであった．例えばピッチ看板の制作費は，総額で4～5万ドル（600～750万円，当時の換算レートは1ドル＝150円）で済んだ．1枚当たりの制作費は100ドル（約1万5000円，同）程度．これを，全12会場のピッチ周りに32枚ずつ設置した．「100ドル×32枚×12会場＋予備費」という計算だ．

ダスラーの大きな"遺産"

　ホルスト・ダスラーは，ISLを創業してわずか5年後の1987年に突然病死する．52歳の若さであった．しかし，スポーツマーケティング・ビジネスを創始したこの男は，ISLに大きな遺産を残した．

　ダスラーが逝った1987年，ISLは，メキシコ大会後のワールドカップ3大会分のマーケティング権を一挙に買い取る契約をFIFAと結ぶ．1990年イタリア大会，そしてまだ開催国の決まっていなかった1994年（米国）大会，1998年（フランス）大会の3つのワールドカップである．

　この時の権利料は，3大会でわずか1億6500万スイスフラン（約200億円，以下，当時の為替レート，1フラン＝120円）だったと伝えられている．1大会平均10～12社の公式スポンサーが付き，1社当たり2500万フランから3500万フラン（30億円～42億円）でマーケティング・パッケージを販売すると仮定すると，1987年以降の12年間（3大会分）に最大で約12億6000万フラン（約1500億円）がISLの金庫に入る．

"破格の契約"であった.

　FIFAワールドカップは4年に1度の開催なので，ISLのキャッシュフローも4年周期で増減していた．売り上げは，開催年に大きな山を迎える．FIFAに支払う権利料は前払いなので，コストも4年に1度，前倒しで大きな山を迎える．一方，ワールドカップ開催年と権利料を支払う年以外は，売り上げ・コストとも極端に少なくなる．

　ISLは，FIFAに権利料を支払ってから開催年までの損失期に耐えるための財務的な体力を必要とした（ただし，1982～1986年の間，ダスラーは，2500万スイスフラン（約30億円）の出資を電通に仰ぐことで，一挙にネガティヴ・キャッシュフローを解決した）．ホルスト・ダスラーの死後，ISLが，FIFAワールドカップとは開催周期の違うオリンピックやIAAF世界陸上を事業に取り込んだのは，この凹凸の多いキャッシュフローの波形をなだらかにしようとする試みでもあった．

　このように，私たちが現在，普通に眺めているFIFAワールドカップや欧州選手権や世界陸上選手権の土台を構築したのが，アディダスの創業者の息子である，ホルスト・ダスラーなのだ．

マーク・H. マコーマック（IMG）の偉業（1930-2003）[2]

　IMGは，1960年に米国クリーブランドの弁護士マーク・マコーマックと，彼の同年代生だったプロゴルファーのアーノルド・パーマーの合意で設立された．パーマーのほか，ゲーリー・プレーヤー，ジャック・ニクラウスも所属．彼らのテレビ，CM出演などのマネジメントを行いながら，多くのメディア企業や金融会社を吸収し，スポーツ業界におけるライセンス・ビジネスを拡大した．

　スポーツ関連事業では，ヴィーナス・ウィリアムス，ノバク・ジョコビッチ，錦織 圭などのテニス選手，卓球の石川 佳純，浅田 真央をはじめとするフィギアスケート選手がクライアント（マネジメント契約）として名を連ねる．かつては，韓国のキム・ヨナもIMGコリアのクライアントであった．

　ファッション関連事業では，IMGはワールドワイドにファッションイベント

にかかわっている．2016年3月30日～4月5日，Mercedes-Benz Fashion Week TOKYO が開催されたが，IMGが同イベントをサポートしている．

メディア関連事業では，ニューヨーク，ロンドン，香港，シドニー，ニューデリーの自社最新設備を駆使し，年間240種類以上のスポーツ/エンターテインメント番組を企画・制作・配給している．

また，面白いところでは「ミス・ユニバース大会」「ミスUSA大会」「ミス・ティーンUSA大会」を運営するミス・ユニバース機構もWME-IMGの一事業である．この内，「ミス・ユニバース大会」を運営するミス・ユニバース機構については，ドナルド・トランプ大統領から買収したものである．

2003年に創業者のマコーマックが亡くなり，2004年にその後を最高経営責任者としてテッド・フォーツマンが引き継ぎ，2014年12月にハリウッドの老舗芸能事務所WME（William Morris Endeavor）がその後継社となった．

IMGの事業内容

IMGは主に次の事業を展開している．

　　メディア製作と配信
　　イベント創造，管理とスポンサーシップ販売
　　クライアント代理業務，ブランド管理
　　スポンサーシップ，メディアコンサルティング
　　グローバルなスポンサーシップとメディア販売
　　消費者製品のライセンシング
　　アスリート・トレーニング

老舗芸能事務所WME（William Morris Endeavor）

WME-IMGは，2014年にハリウッドの老舗芸能事務所WME（William Morris Endeavor）がスポーツ選手のマネジメントに強みを持つIMGを傘下に収めて誕生したエージェンシーである．

WME（William Morris Endeavor）は，米国の映画ビジネスにおける4大エージェンシーの1つで，競合企業はクリエイティヴ・アーティスツ・エージェンシー，ICMパートナーズ，ユナイテッド・タレント・エージェンシーである．100年以上の歴史を持つ．俳優・監督のクライアントには，ラッセル・クロウ，クリント・イーストウッド，リチャード・ギア，シャロン・ストーン，エディ・マーフィーなど．また，ミュージシャンのクライアントには，ブリトニー・スピアーズ，ザ・ローリング・ストーンズ，X JAPAN，坂本龍一がいる．松田聖子も，かつてはクライアントであった．

　一方，IMGは，スポーツ，ファッション，メディアのグローバルリーディングカンパニーであり，事業領域は，イベント，メディア，ゴルフ，テニス，ファッションイベント，ファッションモデル，スポーツ選手のマネジメント，ライセンシングなどなど多岐に及んでいる．

広大な敷地のプロ養成機関も傘下

　「Tomorrow is ours」の言葉が踊るIMG Academyのマネジメントだけでなく，育成にも力を入れている．

　フロリダ州にあるIMGアカデミーは，東京ドーム16個分という広大な敷地に，テニスコート，ゴルフ練習場，バスケットコート，サッカー場，2つの野球場まで揃ったプロスポーツ選手の養成所だ．世界から集まった約600人のアカデミー生は，厳しい練習に耐えながら，プロになるという夢を追いかけている．IMGアカデミーの著名な卒業生には，アンドレ・アガシ，マリア・シャラポア，ボリス・ベッカー，マルティナ・ヒンギス，セリーナ・ウィリアムス，ヴィーナス・ウィリアムスと実に錚々たる面々が揃っている．

WME-IMGの業績将来予想は？

　2016年3月23日，米大手芸能事務所WME-IMGは，ソフトバンクグループが同社に2億5000万ドル（約280億円）出資したと発表した[3]．欧米メディアによると，

出資比率は5〜8%とみられる．日経新聞によると，ソフトバンクは「成長性を評価した投資案件の1つ」（広報室）としている．

ソフトバンクグループが出資したWME-IMGの業績将来予想について考察したいのであるが，あいにく，WME-IMGは上場企業ではないので，財務データが不明である．また，ソフトバンクグループも「成長性を評価した投資案件の1つ」とコメントしているだけである．従って，以下は，一般論となるが，スポーツ関連事業について記す．

マーケティング・リサーチのニールセンの『米国のテレビ・インターネット・ラジオにおけるスポーツコンテンツ視聴動向レポート2015年版』によれば，米国におけるスポーツ番組の総放送時間は10年前（2005年）と比べ，160%に増加．総視聴時間は41%増加しているという．また，スポーツ番組全体の95%はライブ視聴であり，スマートフォン経由でのスポーツサイト閲覧時間も120万時間を超えるなど成長を見せているという．

女性の視聴者層も増加しており，例えば2015年のサッカー女子ワールドカップでは，2011年と比べて女性のリーチが57%増加したという．

上記の通り，過去10年間に米国ではテレビでのスポーツ番組ライブ放送時間が大幅に増え，選択できるスポーツコンテンツが大量に提供され，スマートフォン経由での視聴が増えている．このように，米国ではスポーツ関連事業には追い風が吹いている．

WME-IMGはソフトバンクグループからの出資金を投資，買収，合弁に活用するという．人気イベントの運営権やベンチャー企業の買収，海外事業の拡大などに使う計画であるという．一方，ソフトバンクグループから見ると，2億5000万ドル（約280億円）の出資は，出資比率5〜8%とみられ，現状では投資案件にとどまるが，将来ソフトバンクグループの既存事業とのシナジー展開に繋がることもあるのかもしれない．

フィル・H. ナイト（NIKE）の偉業（1938-）[4]

　フィル・H. ナイトは，1938年，アメリカ合衆国オレゴン州ポートランドに生まれた．幼い頃から，スポーツマンで特に陸上に力を入れていた．

　オレゴン大学に進学し，陸上を続けており，ここでコーチのビル・バウワーマンと出会う．ビル・バウワーマンはすぐれたトレーナーで指導はもちろんのこと道具の開発なども手がけていた．その中にはシューズの開発も行われておりフィル・ナイトは多くのことを学んだ．

　1959年，オレゴン大学で経営学の学位を取得した後，スタンフォード大学のビジネススクールに進学し，MBAを学んだ．スタンフォード大学の修士論文でマーケティングについて書くことになったときのこと，フィル・ナイトは低賃金の労働者を使って効率的な生産を行えば，競技用のシューズのマーケットでアディダスやプーマといったドイツの大手企業がいる市場に参入できるのではないかという論文を発表した．

　スタンフォード大学を卒業した後の1962年，フィル・ナイトは修士論文の内容を実際に行動に移した．日本のオニツカタイガー（現在のアシックス）を探し出しシューズの発注を行ったのだ．

　1964年，日本からアメリカに帰国し，大学時代のコーチのビル・バウワーマンに力を貸してくれるよう要請しに行った．ビル・バウワーマンはチームを組むことを決め，2人で500ドルずつ出資しあいブルーリボンスポーツ社を設立．

　初期の頃はフィル・ナイトが自分の車にシューズを詰め込み，各競技会場に販売しに行っていた．この頃は生活を支えるための収入も入らなかった．フィル・ナイトは靴を販売するかたわら，しぶしぶポートランド州立大学で会計学を教える仕事に就くことになる．

　1971年から会社名をギリシャ神話の勝利の女神「ニケ（NIKE）」からもじったナイキに変更し，ビル・バウワーマンはいっそうシューズの開発に励んだ．

　この年にビル・バウワーマンがソール（靴底）のワッフルアイロンにゴムを注入するという方法を編み出した．現在のスポーツシューズの原型となり，そ

れまでのシューズとは全く違う画期的なものだった.

さらに翌1972年,フィル・ナイトはナイキをブランドとして売り込むためにロゴマークを取り入れることを決め,勤め先の大学で,グラフィックデザイナーをはじめたばかりのキャロライン・デビッドソンにデザインを依頼した.

デザインの依頼料は35ドルだったが,このロゴマークが後に30億ドル以上の価値を生むことになる.キャロライン・デビッドソンはしばらくの間,ナイキ製品のデザインも手がけた.この年にフィル・ナイトは更にマーケティングの才能を発揮する.

スポーツの一流プレーヤーに報酬を出し自社のシューズを履いてプレーしてもらうことで一般の人の目に売り込むことを思いつく.最初に契約した選手は陸上中距離のスティーブ・プリフォンテーンだった.この選手はなんと,この年の1972年のオリンピックで,もう一息でメダルに手が届くというところまでの活躍をみせた.

この頃からナイキは徐々に認知されるようになりブランドとしてのイメージが出来上がってきた.

ナイキの快進撃

1978年には7100万ドルの売上高を上げている.1980年に株式を公開し更なる急成長を遂げた.1982年,ソール部分にエアクッションを入れたバスケットシューズ第1号となるエア・フォース1が発売.1983年売上高が1億4900万ドルに上ると,フィル・ナイトはロゴを依頼したキャロライン・デビッドソンにダイヤモンド入りのスウィッシュ(ロゴの名前)リングとナイキ株を手渡した.

ナイキはこのころからシカゴ・ブルズのバスケット選手マイケル・ジョーダンの名前とともに爆発的人気を勝ち取っていく.ナイキのシューズは若者の間で流行のファッションになっていった.特に,1985年にエアジョーダンが驚異的な売り上げを記録した.

1990年代に入るとゴルフ,テニス,サッカー,フットボールなど様々な競技

も対象を広げ，タイガー・ウッズ，アンドレ・アガシなど多くのスター選手とのスポンサー契約を交わした．

一方で，この頃ナイキは問題にも直面した．ナイキは自社工場を持たず製品デザインだけ自社で行った後，海外の工場に発注をかけるという方法をとっていたのだが，これが児童労働，低賃金，強制的残業などの批判を浴びるようになったのだ．

1999年からフィル・ナイトはグローバル・アライアンスを設立し世界各国の多国籍企業の労働環境の調査を行い労働環境の改善に取り組むようになった．

2000年以降もフェルナンド・トーレス，ウェイン・ルーニー，稲本潤一らが愛用しているTOTAL90，中田英寿，ロナウジーニョの愛用しているAIR LEGEBDなど数々のシューズをはじめとしたスポーツ用品をヒットさせ，スポーツ用品としてだけではなくストリートファッションの必須アイテムブランドとしての地位も確立している．

2016年現在の世界的な売上高は3兆4318億円で純利益が3985億円ある世界No.1のスポーツフィットネス企業である．

▼ 8. スポーツマーケティングの発展に伴い創造された権利 ▲

1960年代に入り，TV文化が醸成するまで，スポーツはそれをライブで観に来る人たちだけのエンターテイメントだったが，それがやがて各国でTV放映され，多くの人たちの目に触れるようになり，その後，その放映が衛星放送の発達とともに世界中で視聴されるようになった．このような経緯により下記のような権利がスポーツのコンテンツにおいて発生するようになった．

その創造には，ホルスト・ダスラーもマーク・マコーマックもそしてそれを進化させる立場では，フィル・ナイトも深くかかわっている．

ここではその権利の内容について説明することにする．

表3-1　ラグビーワールドカップの過去8回の大会の情報

回	開催年	開催国・地域	出場チーム数	予選参加数	観客動員数(万人)	チケット販売数(万数)	TV放映国数	TV視聴者数(億人)
第1回	1987年	ニュージーランド オーストラリア	16	—	61	60	17	2.3
第2回	1991年	イングランド	16	31	101	100	103	14
第3回	1995年	南アフリカ共和国	16	52	110	110	124	23
第4回	1999年	ウエールズ	20	69	175	170	209	31
第5回	2003年	オーストラリア	20	82	184	189	193	34
第6回	2007年	フランス	20	94	226	225	200	42
第7回	2011年	ニュージーランド	20	92	148	135	207	39
第8回	2015年	イングランド	20	80	248	240	200	41
第9回	2019年	日本	20	—	—	—	—	—

(出所) 日本政策投資銀行「ラグビーワールドカップ2019開催による経済波及効果および開催都市の取り組みについて」p.2 (http://www.dbj.jp/pdf/investigate/etc/pdf/book1605_01.pdf, 2018年6月22日閲覧) をもとに筆者作成.

〈TV放映権〉

　衛星放送の発達により，スポーツのコンテンツ（国際大会，リーグ戦等）の世界中の視聴者数が飛躍的に増加した．表3-1はラグビーワールドカップの大会別の数値を表した表になる．

　これを見ても明らかなように，20年間で全世界視聴者数は20倍に膨れ上がっている．このような数値をたたき出すラグビーワールドカップの媒体としての価値は非常に高く，この権利を受託されているIMGを経由して，少なくとも出場チームの国においては，そのテレビ放映権を巡って大きな金額で売買されているわけである．

〈スポンサーシップ権〉

　全世界で大会を視聴するファンの数が多いと言うことは，当然ながらそのTV放映を通じて流れるCMの枠であったり，会場内に露出される看板であっ

たり，大会自体のHPやSNSを通じて発信される関連企業のバナーや記事を通じての消費者に対する，それぞれの企業の認知力はそれなりのものになる．大会のロゴがオリンピックのようにシンプルかつインパクトのあるマークとの連動は，一般企業の社名や製品名を世界中に認知させる大きな可能性を秘めている．ゆえにスポンサーのパッケージを広く世の企業に高価に販売できるわけだ．

東京オリンピックのローカルスポンサーパッケージは年間25億円だ．つまり4年間で100億円の投資になる．パッケージだけの値段である．媒体費，マーケティング活動費は別になる．

〈商品化権〉

先ほど述べた，大会のロゴ，大会名などを記した商品を制作・販売できる権利である．ラグビーワールドカップもオリンピックもこれらの商品で街が溢れかえる時期が来る．2019年のラグビーの大会も200万人を超える人々が試合を観戦すると予測されている．

1人のファンがお土産として平均1000円の製品を買うと20億円，1万円を買うと200億円のビジネスを創造できる権利になる．

〈興行収入権〉

こちらは読んで字のごとく大会の試合のチケットを販売する権利である．2019年のラグビーワールドカップでは200万人を超える観戦者を予想している．1人が平均1万円のチケットを買うと200億円，2万円のチケットを買うと400億円の市場規模になる．2％のチケットエージェンシーのコミッションも8億円のお金が動くビジネスの世界になる．

〈アスリートを中心とした肖像権〉

現在の日本でも，スポーツ選手をCMで見ない日は無くなった．今後もこの需要はますます高まるだろう．大きな大会を通じて活躍したスポーツ選手は企業のイメージ広告に非常に単純にわかりやすく広告表現できる．彼らの影

響力を及ぼす範囲が日本＋アルファーになればなおさらだ．

表3-2は2010年にアメリカ人のアスリートが1年間で最も稼いだトップ4になる．1位は絶世期のタイガー・ウッズだ．彼は1年間で90億円稼いだ（1ドル＝100円）．

収入が70億円という内訳だ．70億円は世界にいるIMGのタイガー・ウッズの担当が各国のスポンサー営業で稼いだのだ．これがグローバルアスリートの選手ビジネスのレベルである．

上記のように，これらの権利がグローバル化し，瞬く間に莫大なお金を生むビジネスに変化して

表3-2　2010年度アメリカ人
スポーツ選手の収入ベスト4

1＄＝100円

1位	タイガーウッズ
獲得賞金額	20億5081万円
スポンサー収入	70億円
合計	90億5081万円
2位	フィル・ミケルソン
獲得賞金額	9億6607万円
スポンサー収入	52億円
合計	61億6607万円
3位	フロイド・メイウェイザー
獲得賞金額	60億円
スポンサー収入	2500万円
合計	60億2500万円
4位	レブロン・ジェームズ
獲得賞金額	15億7799万円
スポンサー収入	30億円
合計	45億7799万円

（出所）*Forbes*，7月号，2011年．

いったわけである．その流れの中で，ホルスト・ダスラーとマーク・マコーマックとフィル・ナイトはそれぞれ，ビジネスのコンテンツは違う中で，現在の世界で私たちがスポーツマーケティングと呼んでいるビジネスの世界を構築したのである．

〈スポーツとIT〉

2015年3月以降，米国において「スポーツとIT」に関するカンファレンスが数多く開催されているプロスポーツの団体，ナイキ，アディダスなどグローバルスポーツブランドのみならず，IBM，グーグル，マイクロソフト，フェイスブックといったIT企業など，そうそうたる世界企業が議論に加わっている．数多くのセッションで登壇者が一様に話したことは，「ITは新たな価値をもたらし，

それがスポーツビジネスを劇的に変える」ということだ．

スポーツ先進国・米国発の「スポーツ×IT」という黒船は，必ず日本に押し寄せる．なぜなら，世界共通の競技ルールや制度なしに国際大会は成り立たないからだ．マイクロソフトはすでにスペインのレアルマドリッドに2億5000万円規模のビッグデータ解析マーケティングプログラムの販売に成功している．

東京オリンピックのスポンサーに名を連ねる企業群に，富士通，NEC，NTT，Canonなどが挙げられる．彼らもやがてこの分野でのビジネス機会を狙う時期が必ず来る．

今，世界の先進企業の間でスポーツビジネスへの関心が高まっている．特にIT（情報技術）をはじめとする技術系企業がスポーツ分野に注ぐ視線は熱い．背景には「スポーツビジネスの特異性がある」と，関連の動向に詳しい野村総合研究所 経営コンサルティング部に勤務していた石井宏司は分析している．長期的な視点で取り組む覚悟を決めたとき，スポーツビジネスは多くの恩恵を企業にもたらす可能性を秘めている．

▶ おわりに

実際のスポーツマーケティングの現場であるナイキやアディダスのマーケティングの世界で活躍したいと望む若い方々にぜひ知っておいてほしいことがある．そのような世界では，常に即戦力を期待しているということだ．日本の大企業のように，時間をかけて若い人を育てようと言う雰囲気は微塵もない世界なのである．ここに掲げる5つのポイントは，事前に身につけておくべきことだと言えよう．

① **マーケティングスキル**：日進月歩，Versionも日に日にアップしている世界だ．宣伝，広報，製品，ブランド，イベント，スポーツアセット，店頭，エナジー，そしてデジタル．とくに若い層をターゲットにするブランドであれば

あるほど，デジタルマーケティング（SNSを含む）のスキルを身につけておくことは重要である．

② **ドキュメンテーション**：マーケティング活動のあらゆる局面で，パワーポイント，エクセル，ワード，キーノートなどのソフトを使った説明資料の作成が求められる．それもただ打ち込んだものではなく，非常に分かりやすく，かつ美しいものであることが求められる．画像しかり，フォントしかり，カラーコーディネートしかり．そのスキルにゴールはない．速さも勝負だ．明日の朝までに宜しくとか言われる事も日常茶飯事である．

③ **プレゼンテーション**：時間が30分の時もあれば，5分の時もあり，上司とのone on oneもあれば300人の営業チームへのプレゼンの時もある．ようはあなたがやりたい事を実施するためのYESの取り付けであったり，あなたがまとめたプロジェクトへの大勢の人たちの共鳴や協力を取り付けるために説明・納得をさせる作業．それがプレゼンテーションである．

④ **語学**：世界に飛び出すのだからプレゼンテーションが英語の時もあるだろう．ただしゃべれるだけではだめなのだ．情熱をこめて賛同を得る語学のレベルが求められるわけである．

⑤ **コミュニケーション**：たくさんの人があなたのプロジェクトに賛同した結果，いよいよ活動が始まる．フェーズごとに，月ごとに，週ごとに，プロジェクトを前進させなくてはいけない．その基本は多くの人たちとのコミュニケーションに基づくのだ．あらゆる人たちを1つのベクトルに向かわせ，チームを勝利に導くリーダーにならなくてはいけない．人間力を上げて行こう．

今まさに，再度大きな国際大会の自国開催のタイミングが，2019年のラグビーワールドカップ，2020年の東京夏季オリンピック，そしてうまく行けば，2026年の札幌冬季オリンピックと打ち寄せてきている．この舞台では，多くの企業が参画することになる．その関係するブランドの価値の向上と事業数値の向上にやがてやってくるスポーツの大型コンテンツを最大活用できる人材が求めら

れている．それを成せる科学と方程式として「スポーツマーケティング」の領域の系統だった整理が必要になる．今回の著書が少しでもお役に立てば嬉しく思う．

注
1） 樺山満「ワールドカップビジネスの舞台裏」日経BP Net（2008年7月掲載）（http://www.nikkeibp.co.jp/style/biz/feature/worldcupbiz/060623_5th/index2.html，2016年8月14日閲覧）．
2） 「ソフトバンクが出資した米老舗芸能事務所「WME-IMG」ってどんな会社？」（http://www.excite.co.jp/News/economy_clm/20160402/Harbor_business_89071.html，2018年2月8日閲覧）．
3） 同上．
4） http://nakusou.zatunen.com/philknight.html，2018年2月8日閲覧．

参考文献

コトラー，P.，カルタジャヤ，H.，セティアワン，I.［2010］『コトラーのマーケティング3.0——ソーシャル・メディア時代の新法則——』（恩藏直人監訳，藤井清美訳），朝日新聞出版．

Jennings, A.［1996］*The New Lords of The Rings*, London : Simon & Shuster.

東洋経済新報社編［2017］『会社四季報　業界地図　2017年版』東洋経済新報社．

4 sports marketing
地域マーケティング論

▼1. 日本の地域スポーツ政策
——なぜ今，地域スポーツへの期待が高まっているのか——

　50年振りに全面改正された「スポーツ基本法（平成23年8月24日）」において，地域スポーツの活性化はトップスポーツへの支援とならびスポーツ振興の両輪として位置付けられている．旧来の「スポーツ振興法（昭和36年6月16日）」は，スポーツは「運動競技及び身体運動（キャンプ等の野外活動を含む）であって，心身の健全な発達を図るためにされるもの」と示され，体育およびレクリエーション活動（＝社会体育）を奨励する教育目的の強い政策であったといえる．それは，戦後日本のスポーツが教育の枠内でとらえられ，体育という概念でスポーツを振興させる傾向にあったことが考えられる．一般的に「スポーツ＝体育」というスポーツを教育の手段とする体育的な考え方，さらには何よりも勝敗や結果を価値としてとらえる勝利至上主義において卓越したアスリートしかスポーツができないと考えるエリート主義が加速する傾向が強かったといえる．このように50年余りの間にスポーツへの位置づけや捉え方，取り巻く環境は大きく変化してきていることは容易に想像ができる．それらを理解し，これからのスポーツ政策につなげていくためにはスポーツの世界だけでとらえていくのではなく，図4-1にまとめた日本社会の経済の動きや地域，産業，人口などのしくみや働きといったスポーツを取り巻く環境や背景とのつながりを十分に踏まえておく必要がある．

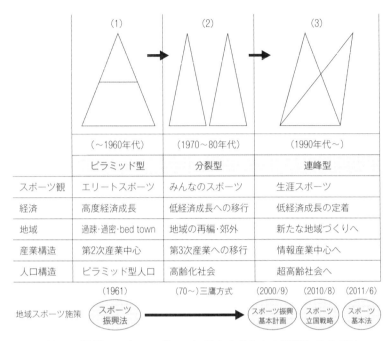

図4-1 戦後の日本のスポーツに対する考え方の推移とその背景
(出所)『公認スポーツ指導者養成テキスト 共通科目Ⅱ』(2012年度版), p.25一部抜粋.

　1960年代までの日本のスポーツ振興は, スポーツの高度化を非常に意識し競技スポーツを頂点 (トップ) と位置づけ, スポーツ愛好者は草の根的な存在として捉えられていた. それらは戦後の高度経済成長が影響しており, 社会全体が生き残りやモノを所有する豊かさに価値を感じていた背景がある. スポーツの発展においても草の根的な存在であるスポーツ愛好者が増えることが, 自然成長的にトップレベルを引き上げるといったエリートスポーツ的なスポーツ観が中心となっていたといえる.

　1970年代から80年代にかけて, 日本の経済は安定期から低経済成長へ移行していき, 社会全体が生活の質や自己実現の欲求を高めることに関心を持ち始めた. それらは, スポーツに対する関わりにも変化を与えエリートスポーツを象徴するピラミッド型の高度化を目指す発展から, スポーツをすること自体を楽

しむスポーツ愛好者の増加によってスポーツはより身近に多くの人々の間で広がり（普及）始めた．この時期に，世界的にもスポーツへの参加は基本的な人権としてとらえる傾向が強くなり，1975年にはヨーロッパ会議にてみんなのスポーツ（sport for all）憲章が制定されている．これらは日本のスポーツ環境にも大きく影響しており，地域を中心とした愛好的なスポーツクラブや教室が行政主導のもと組織化され始めた．

　1990年代になると日本はバブル経済の崩壊とともに低経済成長時代へと突入する．これらは社会全体のしくみや働きに影響し，経済成長とともに効率化や細分化してきた流れが横のつながりをなくし，核家族や超高齢化社会の進行とともに人々の「孤立化」が社会問題として注目されることとなる．このことによって誰にでもある，もっとも身近な生活の基盤である地域コミュニティの再形成が必要不可欠となってきた．それらは，従来の日本のよき文化としてあたりまえにあった人々が互いに支え合いながらそれぞれの役割を見つけ，生きていこうという「共生」価値観に基づいており，高度経済成長とともに薄れていた住民主導の地域コミュニティの重要性が高まっている．すなわち誰にでもあり，もっとも身近な「地域」のスポーツ環境を充実させていくことに注目が集まっている．

2. 地域スポーツをめぐる政策の変遷

　日本において「スポーツ」は，戦後間もない時期から国会の重要な議題の1つとして議論され，急速な経済成長，国民の生活水準の向上，都市化の進展・余暇時間の増大・高齢化の進行などの様々な社会環境の変化に伴い大きく発展してきた．また，それらの社会環境の変化に合わせて数多くの振興施策が進められた．ここでは国のスポーツ振興における政策の動向を時系列的にまとめていく．

　戦後の復興期（昭和20年以降）のスポーツは復興に資する上でのスポーツの普

及に加え，国の威信を取り戻すための文教再建の意向が非常に強かった．しかし，一方で本来のスポーツのもつ可能性に通ずる議論の先駆けともいえる慰安や労働からの解放を目的に「スポーツ」を奨励する発言も国会の記録として残されている．主として復興期においてスポーツは非常に解りやすく，取り組みやすい対象であったことが考えられ，それらを象徴するかのように，昭和21年には戦災を免れた京都市を中心に現在も続く第1回国民体育大会が開催され，昭和24年には国際大会での活躍，昭和27年には戦後初めてのオリンピックに選手を参加させるまでに至っている．これらの背景には，スポーツの特徴を活かした施策が敗戦と戦災によって困窮を極め意気消沈していた国民に希望を与え，復興施策としてもスポーツの役割（可能性）が非常に重要な位置づけとして扱われていたことがうかがえる．

　昭和30年代に突入すると戦後の不安定期を脱し，国の経済は急速に成長し，社会は急速な発展を遂げた．この頃には「見るスポーツ」においても観衆を一挙に集めるようなスター選手がプロ野球や大相撲などから多数輩出されることにより，スポーツに対する国民の関心は非常に高まっていた．これとともに「するスポーツ」に必要となるスポーツ施設の整備や指導者の養成が急務とされ，このため文部省（現 文部科学省）は，公立のスポーツ施設に対する補助を昭和34年度から開始した．ここにきて復興や国の威信回復が非常に強かったスポーツの振興から国民生活の向上や豊かさ，ライフスタイルの変化に伴うスポーツやレクリエーションの普及発展が求められるようになった．そのためにはスポーツを取りまとめる行政機構の整備や日本において「スポーツ」を定義し，今後どのようにスポーツを推進していくかの指針を立法化することが求められていた．しかし，スポーツに関する事業が既に各省庁に分散されていたこともあり，一元化しスポーツ振興に係る立法を行うことは難しいと考えられていた．その中で，日本のスポーツ振興を本格的に始動させるきっかけとなった事象として東京へのオリンピック（第18回東京オリンピック）があげられる．東京にオリンピックを招致することでスポーツを振興していく動きは加速度的に動き出し

た．それまでの，保健体育やレクリエーション振興を取り扱ってきた保健体育審議会（昭和24年設置）とは別に省庁間を越え横断的に課題を議論するスポーツ振興審議会（昭和32年）が設置され，国がスポーツを国策として採り上げることや財源確保，事業の助成，施設の整備等について総括的に規定する法律の必要性が強く要望されていった．このスポーツに関する追い風が日本初となるスポーツ振興の基本とする立法「スポーツ振興法（昭和36年）」の制定に大きく影響した．この法律の制定によって，スポーツ施設の整備が制度化され，体育指導委員（現スポーツ推進委員）の身分も確立し，国民体育大会の位置づけや国の支援等も明確化され，スポーツの振興が一層推進されることとなった．

　昭和40年代，東京オリンピックをきっかけとして向かえた高度成長期に伴い生活様式は急激に変化していった．これらは，生活の質の向上と引き換えに日常生活における身体的な活動が減少し，さらには公害の発生や自然環境の破壊，健康被害などの社会問題が注目されるようになった．このような状況の中でスポーツは，国民の健康に対する関心や余暇時間の過ごし方，社会状況の変化（課題）に対応すべく期待が急速に高まり，身近に日常的にスポーツを親しむ「生涯スポーツ」へ徐々に変化していった．

　昭和50年代に入ると，民間スポーツ施設の開設が盛んになり，テニスやスイミングといったスポーツ教室への加入，ジョギング，エアロビクスやゲートボールなど健康志向や交流を目的としたスポーツ愛好者が増えるなど，スポーツの多様化があらわれ始めるようになった．さらにこの頃になると，スポーツの位置づけが訓示的かつ啓発的な性格が強かった「社会体育」から地域に開かれた，地域住民の交流を重視した「コミュニティスポーツ」へと変化していく．地域のスポーツの充実を目的に昭和50年には，市町村の社会体育行政の充実として，今でいう市町村スポーツ担当者（社会教育主事）の派遣制度が各地で開始された．スポーツに対する多様化，価値の広がりによる社会の欲求に応えるかの如く昭和56年には社会体育を実践的に指導する人材の養成を主眼に置いた国立大学の設置を実現させるまでに至った．

その後の日本は，進む都市化や人口の高齢化，余暇時間の増大など，さらに第2次産業から第3次産業への推移の中で，「消費」社会から「生活の質」の向上へ，自分たちの生き方や暮らし方に重点を置き始めるようになる．そのことにより，スポーツ活動に対するニーズは増大し，スポーツの関わりや価値はさらに多様化していった．このために，国は国民が生涯にわたってスポーツ活動を親しむことができる環境の整備が急務な課題となり，この時期に行政主導のもと地域を中心とした愛好的なスポーツクラブが組織化され始めた．これらは既存の競技スポーツ組織の下部組織という位置づけでといったスポーツの高度化とは異なり，スポーツの参加人口を広げる大衆化として，各自治体レベルでスポーツへの垣根を下げるニュースポーツの開発やスポーツ教室から自主運営型のスポーツクラブへの移行が推進され始めた．

　平成を迎えると，バブル経済の崩壊とともに日本は現在も続く低経済化成長へ突入する．社会の環境も一層進む高齢化，少子化や核家族の影響が社会問題として著しく影響を与えることにより，これまでのあらゆる側面での社会のしくみが機能不全を見せるようになっていった．これらの背景には，高度経済成長を経て確立した公的資金による住民サービスの充実や支援体制の在り方に限界がきており，スポーツ振興においても例外ではなく公的資金や行政主導型の振興では財源不足が深刻な問題となっていた．このような状況を踏まえ，発展とともに高度化，細分化されてきた社会のしくみを横断的につなげ，人の持つ個性や環境を生かし「共生」という価値観に基づいて，生活の基盤である「地域」に着目すること，さらには地域との関係や社会の各組織の役割を見直す動きが活発になり始めた．スポーツにおいても改めて「生涯スポーツ」の重要性が叫ばれるようになり，これまでスポーツ振興を中心で支えてきた学校や企業中心の所属型スポーツ環境から誰もが持つ「地域」に着目した地域スポーツ組織の自立化を促す方向が強化されていった．平成元年11月には，国は21世紀のスポーツの振興方策の基本的方向として ① スポーツ施設の整備充実，② 生涯スポーツの充実，③ 競技スポーツの振興，④ 学校における体育・スポーツの充実，

⑤ スポーツの国際交流，⑥ プロスポーツの健全な発展の助長，⑦ スポーツ振興のための資金の充実などを示した．この答申の特徴として，スポーツを人類の「文化」の中でも極めて重要なものと意義付けたこと，生活をより豊かにするものとして「見るスポーツ」を取り上げていることやプロスポーツを取り上げていることなどが画期的なものとして注目された．その背景には多様化が進むスポーツニーズに適応し，前述した各組織の役割を見直す動きがそれまで交わることのなかった，スポーツの高度化（エリートスポーツ）とスポーツの大衆化（生涯スポーツ）による政策や組織的な垣根を超えるきっかけとなっていった．そこから派生し「地域」に着目し，発展する多様な志向性を共存させる，さらには地域住民が主体となり，自主運営を目指す新しいしくみとして総合型地域スポーツクラブが構想として打ち出された．現在もスポーツにおける多様化や広がる価値は留まることなく進化していっている．その度スポーツ振興施策は

表4-1 時代背景からみるスポーツ振興の特徴

年代	時代背景	スポーツ振興の特徴
昭和20年代	敗戦による戦災や困窮 国民は極め意気消沈	復興施策として重要な役割をもつスポーツ 国の威信をかけたスポーツ環境の整備
昭和30年～40年代	復興に向けて国民が一丸となり活気がある 昭和30後半以降，経済が急激に成長し，社会も急速に発展（高度経済成長） 生活水準の向上	娯楽としての「見るスポーツ」の普及 国民のスポーツに対する関心の向上による，公的スポーツ施設の整備 生涯スポーツとしてスポーツやレクリエーションの普及
昭和50年～60年代	高度経済成長期から終焉 生活様式の変化，余暇時間の増大 大量生産・大量販売による空前の消費ブーム	民間スポーツ施設の増加 健康志向，交流目的など多様化するスポーツ愛好者の増加により，行政主導型スポーツ教室やスポーツクラブの推進
平成以降	バブル経済崩壊と長期景気低迷に突入 少子化，超高齢化問題 民間活力への期待	スポーツの多様化に対応した価値の創造や位置づけの明確化 自主自立したスポーツ組織（しくみ）の確立，充実 国策として総合型地域スポーツクラブの設置

（出所）澤田［2011］を参考に筆者作成．

柔軟に対応し，特に社会の変化に大きく影響されながら再考し，時には見直しながら進化していっている．

3. 地域スポーツに関する行政政策

　ここでは日本のスポーツに関する政策の動向を整理していく．「スポーツ」が国の重要な議題の1つとして採り上げられるようになった戦後は，前述したように「スポーツ」が敗戦からくる復興の慰安や勤労からの解放といった位置づけが強かった．その中で昭和22年には超党派のスポーツ議員連盟が発足し，昭和24年には社会教育法の中に学校外での「体育及びスポーツレクリエーション」が社会教育活動に含まれると規定されている．これにより，学校外での青少年及び成人に対して行われる組織的な教育（体育及びレクリエーションを含む）活動を「社会体育」と位置づけられた．体育及びスポーツレクリエーションが社会体育の法的根拠が明確になったことで，国及び地方公共団体は社会教育行政の一環として社会体育振興のための条件整備を図ることとなる．しかし，これらは現代に通ずる多様化するスポーツニーズに応えるスポーツ振興とは考え方が違い，組織的にかつ教育活動としてスポーツ活動をしていないと「社会体育」としては認められない実に自由度の狭い考えのもと，主として行政主導のスポーツ振興であったことが伺える．それを象徴するかのように昭和26年には社会体育指導要領に体育団体を組織することの必要性が盛り込まれた．

　その後，昭和35年には行政主導のスポーツ教室の開設を奨励する動きが活発となり，東京オリンピック開催を控えた昭和36年に日本初のスポーツのみを対象とした「スポーツ振興法」が制定された．この法律は戦後の生活水準の向上と産業の発展，余暇の増大によるスポーツに対する国民の関心の高まりや欲求の拡大にあわせ廃止されていた文部省体育局（現文部科学省）の復活がきっかけとなっている．主な功績として東京オリンピック開催の成功による国際的な信頼性の回復，各種スポーツ指導者養成やスポーツ施設の整備を目的とした国民

表4-2 地域スポーツにかかわる行政政策の変遷

事業開始年度等	根拠法令,答申,基本計画等	地域スポーツクラブ普及育成策の内容
昭和26年(1951年)	○社会体育指導要領	○体育団体を組織することの必要性
昭和35年(1960年)	○勤労青年の体育指導の強化について(昭和35年8月4日保健体育審議会答申)	○スポーツ教室の開設を奨励(スポーツ教室設置要綱試案)
昭和36年(1961年)	○**スポーツ振興法**(昭和36年6月16日制定)	**地方公共団体によるスポーツ教室**等のスポーツ行事の実施及び奨励(第7条)
昭和47年(1972年)	○体育・スポーツの普及振興に関する基本方策について(昭和47年12月20日保健体育審議会答申)	○スポーツ教室の開設,**スポーツグループ**に参加する人々の拡大
昭和51年(1976年)	○日常生活におけるスポーツ推進に関する調査研究協力者会議のまとめ(昭和51年12月20日体育局長に報告)	○日常生活におけるスポーツ推進に関する調査研究協力会議 ・**地域スポーツクラブの育成**
昭和52年(1977年)		○スポーツクラブ育成推進事業 ・日常生活におけるスポーツ推進に関する調査研究協力会議の結果を事業化 ○地域スポーツクラブ育成過程と市町村の役割を提示 ・未組織的なスポーツ活動実施者→プレ・スポーツクラブ(未成熟段階のスポーツグループ)→スポーツクラブ(単一種目のスポーツクラブ)→**地域スポーツクラブ連合**
昭和62年(1987年)		○地域スポーツクラブ連合育成事業(昭和62年度〜平成6年度) ・個々のスポーツクラブを有機的に結びつける事業
平成元年(1989年)	○21世紀に向けたスポーツの振興方策について(平成元年保健体育審議会答申)	
平成7年(1995年)		○**総合型地域スポーツクラブ育成モデル事業**(平成7年度〜15年度) ・地域のコミュニティにおける住民参加の複数の種目からなる総合型スポーツクラブの育成を目指す先導的なモデル事業として実施.
平成9年(1997年)	○生涯にわたる心身の健康の保持増進のための教育及びスポーツ振興の在り方について(平成9年保健体育審議会答申)	○生涯にわたる心身の健康の保持増進のための教育及びスポーツ振興の在り方について ・地域社会におけるスポーツ及び健康学習の充実 ・地域のスポーツ環境づくり
平成10年(1998年)	○**スポーツ振興投票法**(スポーツ振興くじ)(平成10年5月10日制定)	○総合型地域スポーツクラブ活動への助成(平成14年度〜)
平成13年(2002年)	○**スポーツ振興基本計画**(平成13年度〜23年度)平成12年9月に文部大臣告示として策定.(平成18年9月改定)	○地域におけるスポーツ環境の整備充実方策 ・総合型地域スポーツクラブの全国展開 ・広域スポーツセンター
平成16年(2004年)		○**総合型地域スポーツクラブ育成推進事業**(平成16年度〜24年度) ・総合型クラブの育成支援,育成に関する情報提供 ・クラブ育成アドバイザー
平成23年(2011年)	○**スポーツ基本法**(平成23年8月24日施行)	○地域スポーツの意義・理念,地域スポーツクラブについて明記
平成24年(2012年)	○**スポーツ基本計画**(平成24年3月30日策定)	○住民が主体的に参画するスポーツ環境の整備

(出所)スポーツ庁が公表している資料より筆者作成.

体育大会の安定的な開催があげられる．さらに地域スポーツ振興の観点で見てみるとこの法律によって，地方公共団体によるスポーツ教室等の実施についての規定が明文化され，この規定に基づき地方公共団体による行政サービスとしてスポーツ教室が盛んに実施されるようなった．しかし，一方でスポーツ振興法においてのスポーツは「運動競技および身体活動（キャンプ活動その他の野外活動を含む）であって，心身の健全な発達を図るためにされるもの」と定義されており，基本的には社会体育教育法と変わらない教育目的の強いスポーツの振興と指摘されている．

　昭和47年にはスポーツ振興における基本計画策定に向け保健体育審議会は「体育・スポーツの普及振興に関する基本方策について」の答申を文部大臣に提出している．これらの背景には，急激な経済成長に伴う生活様式の変化からくる身体活動の減退や国民全体の体力低下，公害による健康不安がある．よって，国民が健康で文化的な生活をいとなむために，体育・スポーツを振興することが必要不可欠とされ，具体的な施策として ① 施設の整備充実，② 自発的なグループ活動の促進，③ 指導者の養成ならびにこれに伴う資金の確保が明示され，これらを実施する総合的な計画を策定することが必要であるとまとめられている．しかし，2000年のスポーツ振興基本計画策定にあたって保健体育審議会からは昭和39年の中間答申，本答申，のちの「21世紀に向けたスポーツ振興方策について（平成元年）」の3回もの答申が提出されるも，財政事情や省庁間の連携不足により，基本計画の策定には至らなかった［間野 2011：17-21］．「社会体育」から「生涯スポーツ」へ変化していく日本のスポーツ政策において，日常生活におけるスポーツ環境の充実や自発的かつ自主運営のスポーツ活動の推進が叫ばれるようになり，「スポーツグループに参加する人々の拡大」や「地域スポーツクラブの育成」，さらには，「地域スポーツクラブ連合の育成」の推進等について示され，昭和62年からは，「地域スポーツクラブ連合育成事業」が開始された．

　平成に入ると，21世紀に向けたスポーツ振興方策について，議論され，平成

7年度からは，地域のコミュニティの役割を担うスポーツクラブづくりに向けた先導的なモデル事業として，地域住民の自主的な運営を目指す「総合型地域スポーツクラブ育成モデル事業」が開始され，地域住民により主体的に運営される多種目，多世代，多志向のスポーツクラブである総合型地域スポーツクラブの育成が始まった．この事業は，総合型地域スポーツクラブの育成に取り組む地方公共団体に対して国費で一部を補助するもので，平成15年まで実施されてきた．その後，民間のスポーツ振興機関である日本体育協会へ国費の委託事業として「総合型地域スポーツ育成推進事業（平成16年度～24年度）」が実施され，時を重ねて平成14年度から独立行政法人日本スポーツ振興センターによるスポーツ振興くじ助成による「総合型地域スポーツクラブ活動助成」がスタートし，現在に至っている．これらの取り組みにより地域におけるスポーツ振興の中心が「行政主導型」から「地域住民主導型」へ変化を遂げてきている．

　財源の確保においても，スポーツ振興のために必要な資金獲得を目的とする，「スポーツ振興投票法（平成10年5月10日制定）」が制定され，スポーツ振興くじ（toto）の収益を財源として，スポーツ活動に対する助成を行う制度が整備された．こうした財源的な裏付けが得られたこともあり，日本のスポーツに関する基本計画として，ようやく平成13年度から10年間の「スポーツ振興基本計画（平成12年9月策定）」が策定された．この計画は長期に渡り繰り返し議論されてきた，「スポーツ振興法」と社会情勢のズレを補うことを目的に21世紀初頭における平成22年までの政策目標および具体的方策がまとめられた．特徴として，政策目標（数値）を具体的に示されたことが評価されている．一部抜粋した具体的な内容として，① 成人の週1回以上のスポーツ実施率として50％を目指し，そのために（ⅰ）全国の各市区町村において少なくとも1つは総合型地域スポーツクラブを育成する，（ⅱ）各都道府県において少なくとも1つは広域スポーツセンターを育成，② オリンピック競技大会のメダル獲得率3.5％を目指すことなどが明記されていた．これら具体的な政策目標を含むスポーツ振興基本計画は，展開していく方策として次の3つを掲げた．① 生涯スポーツ社会の実現に向けた，

表4-3 スポーツ振興基本計画の概略

	スポーツ振興基本計画	スポーツ振興基本計画（平成18年9月改定）
展開方針	1. 生涯スポーツ社会の実現に向けた，地域におけるスポーツ環境の整備充実	1. スポーツの振興を通じた子どもの体力の向上方策
政策目標	①国民の誰もが，それぞれの体力や年齢，技術，興味・目的に応じて，いつでも，どこでも，いつまでもスポーツに親しむことができる生涯スポーツ社会を実現する。 ②その目標として，できるかぎり早期に，成人の週1回以上のスポーツ実｜施率が2人に1人（50パーセント）となることを目指す。	①子どもの体力について，スポーツの振興を通じ，その低下傾向に歯止めをかけ，上昇傾向に転ずることを目指す。
必要不可欠な施策	総合型地域スポーツクラブの全国展開 1) 2010年までに，全国の各市区町村において少なくともひとつは総合型地域スポーツクラブを育成。（将来的には中学校区程度の地域に定着） 2) 2010年までに，各都道府県において少なくともひとつは広域スポーツセンターを育成。（将来的には広域市町村単位に設置）	1) 子どもの体力の重要性について正しい認識を持つための国民運動の展開 2) 学校と地域の連携による，子どもを惹きつけるスポーツ環境の充実
展開方針	2. わが国の国際競技力の総合的な向上方策	2. 生涯スポーツ社会の実現に向けた，地域におけるスポーツ環境の整備充実
政策目標	①オリンピック競技大会をはじめとする国際競技大会における我が国のトップレベルの競技者の活躍は，国民に夢や感動を与え，明るく活力ある社会の形成に寄与することから，こうした大会で活躍できる競技者の育成・強化を積極的に推進する。 ②具体的には，1996年（平成8年）のアトランタ夏季オリンピック競技大会において我が国のメダル獲得率が1.7パーセントまで低下したことを踏まえ，我が国のトップレベルの競技者の育成・強化のための諸施策を総合的・計画的に推進し，早期にメダル獲得率が倍増し，夏季・冬季合わせて3.5パーセントとなることを目指す。	①国民の誰もが，それぞれの体力や年齢，技術，興味・目的に応じて，いつでも，どこでも，いつまでもスポーツに親しむことができる生涯スポーツ社会を実現する。 ②その目標として，できるかぎり早期に，成人の週1回以上のスポーツ実｜施率が2人に1人（50パーセント）となることを目指す。
必要不可欠な施策	1) ジュニア期からトップレベルに至るまで一貫した理念に基づき最適の指導を行う一貫指導システムの構築 2) ナショナルトレーニングセンター中核拠点施設の早期整備や競技別強化拠点の指定と支援 3) 指導者の養成・確保（専任化の促進，ナショナルコーチアカデミー制度の創設等） 4) 競技者が安心して競技に専念できる環境の整備	総合型地域スポーツクラブの全国展開 1) 2010年までに，全国の各市区町村において少なくともひとつは総合型地域スポーツクラブを育成。（将来的には中学校区程度の地域に定着） 2) 2010年までに，各都道府県において少なくともひとつは広域スポーツセンターを育成。（将来的には広域市町村単位に設置）
展開方針	3. 生涯スポーツおよび競技スポーツと学校体育・スポーツとの連携の推進	3. わが国の国際競技力の総合的な向上方策
政策目標	①生涯にわたる豊かなスポーツライフの実現と国際競技力の向上を目指し，生涯スポーツおよび競技スポーツと学校体育・スポーツとの連携を推進する。	①オリンピック競技大会をはじめとする国際競技大会における我が国のトップレベルの競技者の活躍は，国民に夢や感動を与え，明るく活力ある社会の形成に寄与することから，こうした大会で活躍できる競技者の育成・強化を積極的に推進する。 ②具体的には，1996年（平成8年）のアトランタ夏季オリンピック競技大会において我が国のメダル獲得率が1.7パーセントまで低下したことを踏まえ，我が国のトップレベルの競技者の育成・強化のための諸施策を総合的・計画的に推進し，早期にメダル獲得率が倍増し，夏季・冬季合わせて3.5パーセントとなることを目指す。
必要不可欠な施策	1) 子どもたちの多様なスポーツニーズに応えるため，学校と地域社会・スポーツ団体との連携を推進。 2) 国際競技力の向上に向けた学校とスポーツ団体の連携の推進。	1) ジュニア期からトップレベルに至るまで一貫した理念に基づき最適の指導を行う一貫指導システムの構築 2) ナショナルトレーニングセンター中核拠点施設の早期整備や競技別強化拠点の指定と支援 3) 指導者の養成・確保（専任化の促進，ナショナルコーチアカデミー制度の創設等） 4) 競技者が安心して競技に専念できる環境の整備

（出所）文部科学省スポーツ振興に関する特別委員会資料（2011）一部抜粋・修正.

および達成状況と課題

達成状況と課題
【達成状況】 「体力・運動能力調査（文部科学省）」によると体力合計点は平成13年から21年では増加傾向にあり，ここ9年では体力は向上傾向にある．しかし，体力水準の高かった昭和60年度と比較すると，基礎的運動能力は依然として低い水準にある． 【今後の課題】 目安となる運動量などの具体的な指標を盛り込んだ幼児期等における運動・スポーツ指針を策定し，体力向上のための取組を促すことが必要． 小学校における体育活動の支援を行う専門的な人材の配置や，中学校武道必修化に向けた武道場の整備等を図っていくことが必要．
【達成状況】 平成21年9月現在のスポーツ実施率は45.3%であり，経年的変化を見ると着実に向上している．「平成23年度総合地域スポーツクラブに関する実態調査（文部科学省）」によると全国市町村の設置率は75.4%となっている． 【今後の課題】 今後は，「スポーツ立国戦略」に掲げる目標（週1回以上のスポーツ実施率：65%，週3回以上：30%）の到達に向けて，各課題に留意しつつ，特に，実施率の低い世代（20代男性，30代女性等）のスポーツ参加を促進するなど，ライフステージに応じたスポーツ活動を推進することが必要．進捗にやや遅れが見られる総合型クラブの設置を推進するとともに，その活動の充実・発展を図ることが必要．
【達成状況】 平成16年に開催されたアテネオリンピックでは3.98%と獲得率を達成した．しかし，直近のメダル獲得率は，2.47%にとどまっている． 【今後の課題】 国家戦略として多額の国費を投入する強豪国に競り勝つため，各課題に留意しつつ，1）タレント発掘・育成について，JOC・NF・体育系大学・地域等との連携による新たなプログラムの開発と質向上，更には全国規模での統一的なプログラムの開発・実施　2）大学との連携等，All Japanでの強化・研究活動体制の構築　3）外部有識者委員会によるJISSの活動状況の点検・評価及び機能強化体制の構築する必要がある．

地域におけるスポーツ環境の整備充実方策，② 日本の国際競技力の総合的な向上方策，③ 生涯スポーツ及び競技スポーツと学校体育・スポーツとの連携を推進するための方策が示された．平成18年9月には計画の中間経過を評価し，計画が改定された．当初の ③ 生涯スポーツ及び競技スポーツと学校体育・スポーツとの連携を推進するための方策の目標に代わって，「スポーツ振興を通じた子どもの体力の向上方策」が加えられ，急激に進む子供の体力低下や運動する者としない者の著しい二極化現象の解消が最重要方策として位置付けられた．表4-3にスポーツ振興基本計画の概略および達成状況と課題をまとめた．スポーツ振興基本計画の最終目標年には「スポーツ立国戦略（平成22年8月策定）」が策定された．この背景には時代錯誤なスポーツ振興法がスポーツを取り巻く環境の変化に十分対応していないことがあげられる．加えて，スポーツが経済情勢の低迷，より一層の超高齢化の進展等の社会課題に及ぼす好影響への期待の高まりにより，スポーツが重要な国家戦略の一環として位置づけられたことがあげられる．このことから，スポーツ立国戦略における目指す姿は，「新たなスポーツ文化の確立」とされ，① 人（する人，観る人，支える・育てる人）の重視と②連携・協働の推進という2つの基本的な考え方が示された．具体的な重要戦略として（ⅰ）ライフステージに応じたスポーツ機会の創造，（ⅱ）世界で競い合うトップアスリートの育成・強化，（ⅲ）スポーツ界の連携・協働による「好循環」の創出，（ⅳ）スポーツ界における透明性や公平・公正性の向上，（ⅴ）社会全体でスポーツを支える基盤の整備の5つが示された．これらはその後に制定されるスポーツ基本法，スポーツ基本計画の基盤となり，さらには重要なキーワードとなるスポーツ界における「好循環」の第1歩となる．

　平成23年には，これまでのスポーツ振興法を全面改正する形で，スポーツ基本法が制定され，地域スポーツの意義や理念，地域スポーツクラブについて法律上に明記された．前法律であるスポーツ振興法とスポーツ基本法の総則を表4-4にまとめた．特徴として前文が設けられたこと，その中で「スポーツは，世界共通の人類の文化である」から始まり，「スポーツを通じて幸福で豊かな

表4-4 スポーツ振興法とスポーツ基本法の総則比較

	スポーツ振興法（1961年6月施行）		スポーツ基本法（2011年8月施行）
―	なし	前文	【新設】スポーツは，世界共通の人類の文化である
総則の構成	第1条から第4条	総則の構成	第1条から第8条
第1条 目的	スポーツの振興に関する施策の基本を明らかにすること．国民の心身の健全な発達と明るく豊かな国民生活の形成に寄与すること．	第1条 目的	スポーツに関し，基本理念を定義すること．国及び地方公共団体の責務並びにスポーツ団体の努め（役割）を明らかにすること．スポーツに関する施策の基本事項を定義すること．国民の心身の健全な発達，明るく豊かな国民生活の形成，活力ある社会の実現及び国際社会の調和ある発展に寄与すること．
第2条 定義	この法律において「スポーツ」とは，運動競技及び身体運動（キャンプ活動その他の野外活動を含む．）であって，心身の健全な発達を図るためにされるものをいう．	定義	削除
第3条 施策の方針	2項目にわたって定められている．特徴的な表現として第1章第3条第2項に「スポーツの振興に関する施策は，営利のためのスポーツを振興するためのものではない」と示されている．	第2条 基本理念	【変更】スポーツに関する基本理念が8項目にわたって定められている．また，スポーツ振興法の第1章第3条第2項は削除
第4条 計画の策定	スポーツ振興法において第4条である「計画の策定」は総則の中に位置づけられ，文部科大臣の責務として基本計画を定めることが明記されている．	―	【章立て変更】一方で，スポーツ基本法においては章立てされ「第2章　スポーツ基本計画等」として第9条と10条で定められている．
		第3条 国の責務	【新設】
		第4条 地方公共団体の責務	国，地方公共団体は，基本理念にのっとり，スポーツに関する施策を策定し，実施する責務を有することが定められている．
		第5条 スポーツ団体の努力	【新設】スポーツ団体が努めることが定められている．
		第6条 国民の参加・支援の促進	【新設】国，地方公共団体，スポーツ団体は，スポーツに対する国民の関心と理解を深め，スポーツへの国民の参加・支援を促進するよう努めることが定められている．
		第7条 関係者相互の連携・協働	【新設】基本理念の実現を図るため，国，独立行政法人，地方公共団体，学校，スポーツ団体，民間事業者等の相互の連携・協働について定められている．
		第8条 法制上の措置等	【新設】政府は，スポーツに関する施策を実施するため必要な法制上，財政上，税制上の措置等を講ずることが定められている．

（出所）文部科学省［2011b］を参考に筆者作成．

生活を営むことは，全ての人々の権利」であることがしっかりと明文化されている．さらにスポーツ振興法においてのスポーツの定義が削除された代わりに，前文にて，スポーツの価値や意義，スポーツの果たす役割の重要性が示されている．全体のまとまりとして，競技力向上と地域スポーツの推進の大きな2つの柱を中心にスポーツの発展を支える好循環を創出していくことで，スポーツ立国の実現を目指し，国家戦略として，スポーツに関する施策を総合的・計画的に推進していく構想となっている．スポーツ白書2017によると，スポーツ基本法における特徴的な条項が下記のようにまとめられている．第2条の基本理念では，5項に「障害者が自主的かつ積極的にスポーツを行うことができるように，障害の種類及び程度に応じ必要な配慮をしつつ推進されなければならない」と障害スポーツの推進も規定していること．第5条では，スポーツ団体にも「スポーツを行うものの権利利益の保護」「運営の透明性の確保」「スポーツに関する紛争について，迅速かつ適正な解決に努める」ことを求めること．第9条では，文部科学大臣に「スポーツ基本計画」の策定を義務付け，地方自治体には，第10条でスポーツ基本計画を参酌し，地方の実情に即したスポーツの推進に関する計画（地方スポーツ推進計画）の策定を求めていること．第18条では，スポーツ産業が果たす役割についても注目し，スポーツ産業の業者との連携・協力についても触れていること．さらに，附則の第2条において，スポーツに関する施策を総合的に推進するための行政組織としてスポーツ庁の設置に向けた措置についても言及していることがあげられている．さらには，スポーツにおける国の責務や地方公共団体やスポーツ関係団体，学校，民間事業者等が果たす役割を明記していることは評価に値する特徴である．

　平成24年には，スポーツ基本法に基づきスポーツ基本計画が策定された．同計画では「スポーツ基本法」に示された理念の実現に向け，平成24年度から10年間のスポーツ推進の基本方針と5年間に総合的かつ計画的に取り組むべき施策が示されている．図4-2はスポーツ基本計画の全体像を示した．今後10年間を見通したスポーツ推進の基本方針として，① 子どものスポーツ機会の充実，

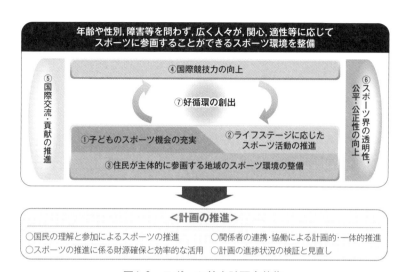

図4-2 スポーツ基本計画全体像

(出所) 文部科学省ホームページ「スポーツ振興基本計画リーフレット (日本語版)」より抜粋.

② ライフステージに応じたスポーツ活動の推進, ③ 住民が主体的に参画する地域のスポーツ環境の整備, ④ 国際競技力の向上に向けた人材の養成やスポーツ環境の整備, ⑤ オリンピック・パラリンピック等の国際競技大会の招致・開催等を通じた国際貢献・交流の推進, ⑥ スポーツ界の透明性, 公平・公正性の向上, ⑦ スポーツ界の好循環の創出, の7つの政策目標を示している. これらを推進することで,「年齢や性別, 障害等を問わず, 広く人々が, 関心, 適性等に応じてスポーツに参画することができる環境を整備すること」目指している. 政策目標(数値)を具体的に示されたことで評価されたスポーツ振興基本計画に比べ総じて目標水準が高く, より具体的に表記されていることはスポーツ基本計画の評価される特徴の1つでもある. 主な特徴として, 子どもの体力向上の基準を昭和60年頃の水準を上回ると具体的な目標を示していること. スポーツ振興基本計画における成人の週1回以上のスポーツ実施率を2人に1人(50%)の数値目標を上回る, 3人に2人 (65%程度), 週3回以上のスポーツ実施率が3人に1人 (30%) となる目標設定をしたこと. オリンピック競技大会の金メ

ダル獲得ランキングが夏季大会で5位以上,冬季大会で10位以上,パラリンピック競技では同じく直近の大会を上回るランキングとしたこと,これらの数値目標が大きな変化として受けとめられる.

参考文献

澤田大祐［2011］「スポーツ政策の現状と課題――「スポーツ基本法」の成立をめぐって――」『調査と情報』722.

笹川スポーツ財団［2011］『文部科学省委託調査:「スポーツ政策調査研究」報告書』.

総合型地域スポーツクラブに関する有識者会議［2009］「今後の総合型地域スポーツクラブ振興の在り方について～7つの提言～」.

長登健・野川春夫［2014］「日本の生涯スポーツ政策における地域スポーツクラブ育成の変遷」『生涯スポーツ学研究』10（1・2）.

日本体育協会［2012］『公認スポーツ指導者養成テキスト』.

日本体育協会・日本オリンピック協会［2012］『日本体育協会・日本オリンピック委員会100年史（PART1）』.

間野義之［2011］「公共政策としてのスポーツ振興基本計画」『体育の化学』61（1）.

文部省［1961］「スポーツ振興法」.

文部省［1973］「体育・スポーツの普及振興に関する基本方針について（保健体育審議会答申）」.

文部省［1989］「21世紀に向けたスポーツ振興方策について（答申）」.

文部科学省［2000］「スポーツ振興基本計画」（http://www. mext. go. jp/a_menu/sports/plan/06031014. htm,2018年5月24日閲覧）.

文部科学省［2010］「スポーツ立国戦略」（http://www. mext. go. jp/a_menu/sports/rikkoku/1297182. htm,2018年5月24日閲覧）.

文部科学省［2011a］「スポーツ基本法」（http://www. mext. go. jp/a_menu/sports/kihonhou/index. htm,2018年5月24日閲覧）.

文部科学省［2011b］「スポーツ基本法新旧対照表」（http://www. mext. go. jp/a_menu/sports/kihonhou/attach/1307834. htm,2017年9月25日閲覧）.

文部科学省［2012］「スポーツ基本計画」（http://www. mext. go. jp/a_menu/sports/plan/index. htm,2018年5月24日閲覧）.

おわりに

　東京オリンピック・パラリンピック競技大会公認の応援イベントにご支援いただくため，2017年9月13日に大阪市東淀川区の小学校校長会へ出席した．実は，以前にも校長会に参加したことがある．しかも，1度や2度でなく何度もだ．その数は46回．東京23区と23市のすべてに参加してきた．東京にいる民間人としては異例なことであろう．我ながら，よく実施したものである．東京23区と23市への用向きは，東京ヤクルトスワローズのMake Friendsプロモーションを実践するためだ．私が修士論文で書いたCSRを活用したスポーツプロモーションを基として，プロ野球チームが東京都を巻き込んだ観客動員策を実践したのだ．実践する打合せのため，東京都庁にも伺った．まさかのちに自分が東京都庁（東京オリンピック・パラリンピック招致委員会在籍時）を通勤先にするとはつゆにも思わなかった時代である．東京都のいじめ撲滅キャンペーンの実践策として，ヤクルトスワローズの試合を楽しく観戦（応援）し，いじめなんかしないで友達と仲良くなろうというストーリーであった．そのため，東京都に許可をもらい，都内の小学校校長会へ足を運んだわけである．ただ，闇雲に区市役所を訪問したわけではない．予め，ヤクルトスワローズのある神宮球場と関係が深い地域（渋谷区）でPTAの方にアドバイスをいただいた．当初，我々は保護者も含めた無料招待を考えていたが，PTAの方から「保護者からは入場料を徴収して欲しい」と要望された．プロ野球観戦はナイターが多い．試合観戦後，神宮球場を出た子供達の帰路に何かあってはならない．チーム・球場も学校も帰路は責任が取れないので，保護者から入場料を取り，子供達の夜の帰路に責任を持ってもらうためだという．安全面を考えて，当然だと思い直した．しかし，通常料金では気が咎めるので，半額にさせていただいた．渋谷区，千代田区，港区と順調に進行する中，中にはお堅い区もあった．しかし，フジテレビ番組「ス

ポルト」(戌亥ディレクター)において，Make Friendsプロモーションの特集が報道されると様相は一変し，参加を求める役所が増えた．番組の構成は巧みで，小学生の感動や現場の汗かき感を感じさせる番組だった．当時はFAX申込だったのだが，インターンからのFAXが鳴り止みませんという報告を受けた時は本当に感動した．いつしか東京23区と23市，すべてでMake Friendsプロモーションは実施された．

　Make Friendsプロモーションは，2万1678人動員した．あれ以降，よく似た建てつけのプロモーションをよく見かけるようになった．また，人員が少ないため，大学生のインターンを活用した実践型スポーツプロモーションであった．インターン学生は，申込受付事務局の仕事を通じ，毎試合ごとの実績から動員人数を予測し，球場管理会社へ連絡した．これほど実践的なスポーツビジネスのインターンシップが当時存在したであろうか．あの時の大学生の能力を見て，大学教員としてリアルな体験型ゼミやインターンシッププログラムで人材育成しなければならないと確信した．大学生は社会人レベルで教育した方が良い．

　ということで，校長会は非常に懐かしい感覚が蘇る．あの時は，スポーツマーケーターとしてスポーツビジネスを実践する自分を思い描いていた．その後，東京オリンピック・パラリンピック招致委員会を経験して，今や大学の先生になって教育指導する立場になった．

　あの時，東京中の小学校校長会への参加したことは私の原点だ．今もどこかで東京都1300万人を対象にしたどでかく，ごっついスポーツマーケーターが出てこないかなぁ～と思っている．というか，いつもニュース報道で探している．若者こそイノベーションを起こして実践してくれると本気で信じている．だから，どこかにダイヤモンドの原石がいると信じて今日も教壇に立つ．講義における私からのメッセージはいつだってごっつい(センスが良い)若者いないかなである．

　世界中のごっついスポーツマーケーター(イノベーター)を求めて，今日も研究調査という旅に出る．

2018年3月14日
2024年オリンピック・パラリンピック競技大会開催地・パリ出張にて

相 原 正 道

《執筆者紹介》

相 原 正 道（あいはら　まさみち）［はじめに，第1章，おわりに］

　　1971年生まれ．筑波大学大学院体育科学研究科スポーツ健康システム・マネジメント専攻修了．現在，大阪経済大学人間科学部教授．

主要業績

　　『ロハス・マーケティングのスヽメ』木楽舎，2006年．『携帯から金をつくる』ダイヤモンド社，2007年．『現代スポーツのエッセンス』晃洋書房，2016年．『多角化視点で学ぶオリンピック・パラリンピック』晃洋書房，2017年．

林　　恒 宏（はやし　つねひろ）［第2章］

　　1973年生まれ．札幌国際大学大学院観光学研究科観光学専攻修了，修士（観光学）．現在，大阪成蹊大学マネジメント学部准教授．

主要業績

　　「日本におけるサイクルツーリズムの現状と可能性──しまなみ海道サイクリングの外国人観光客に対するプロモーションに着眼して──」（共著），『日本産業科学学会研究論叢』22，2017年．「サイクリングの経験価値に関する研究」，『日本産業科学学会研究論叢』23，2018年．「シェアサイクルの現状と課題──中国・上海市のシェアサイクル企業を事例に──」（共著），『日本産業科学学会研究論叢』23，2018年．

半 田　　裕（はんだ　ひろし）［第3章］

　　1956年生まれ．甲南大学法学部法学科卒業．現在，大阪経済大学人間科学部教授．

主要業績

　　『アディダス，ナイキで学んだ仕事術』ソニーマガジンズ，2007年．

祐末ひとみ（すけすえ　ひとみ）［第4章］

　　1982年生まれ．大阪体育大学大学院スポーツ科学研究科修了．現在，びわこ学院大学講師．

主要業績

　　『スポーツ白書2017』（共著），笹川スポーツ財団，2017年．

スポーツマーケティング論

2018年8月10日 初版第1刷発行

＊定価はカバーに表示してあります

著者の了解により検印省略

著 者　　相原　正道　Ⓒ
　　　　　林　　恒宏
　　　　　半田　　裕
　　　　　祐末ひとみ

発行者　　植田　　実

印刷者　　出口　隆弘

発行所　株式会社　晃洋書房

〒615-0026　京都市右京区西院北矢掛町7番地
電　話　075(312)0788番(代)
振替口座　01040-6-32280

装丁　野田和浩　　印刷・製本　㈱エクシート

ISBN 978-4-7710-3069-5

|JCOPY| 〈㈳出版者著作権管理機構　委託出版物〉
本書の無断複写は著作権法上での例外を除き禁じられています。複写される場合は，そのつど事前に，㈳出版者著作権管理機構（電話 03-3513-6969, FAX 03-3513-6979, e-mail:info@jcopy.or.jp）の許諾を得てください。

相原正道 著
多角化視点で学ぶオリンピック・パラリンピック
Ａ５判 216頁
2,500円(税別)

相原正道 著
現代スポーツのエッセンス
四六判 220頁
2,500円(税別)

菊本智之 編著／前林清和・上谷聡子 著
スポーツの思想
Ａ５判 168頁
2,200円(税別)

一般社団法人アリーナスポーツ協議会 監修／大学スポーツコンソーシアムKANSAI 編
ASC叢書1　大学スポーツの新展開
——日本版NCAA創設と関西からの挑戦——
Ａ５判 214頁
2,400円(税別)

川上祐司 著
メジャーリーグの現場に学ぶビジネス戦略
——マーケティング、スポンサーシップ、ツーリズムへの展開——
四六判 184頁
1,900円(税別)

二杉 茂 著
コーチのミッション
四六判 214頁
1,900円(税別)

関 めぐみ 著
〈女子マネ〉のエスノグラフィー
——大学運動部における男同士の絆と性差別——
Ａ５判 236頁
4,600円(税別)

クラウディア・パヴレンカ 編著／藤井政則 訳
スポーツ倫理学の射程
——ドーピングからフェアネスへ——
Ａ５判 238頁
3,800円(税別)

――――― 晃 洋 書 房 ―――――